Zwei Frauen erzählen von ihrer Beziehung zu ein und demselben Mann. Warum ist die Welt so unendlich?, fragt Nishino seine Freundin, um sie gleich mit der nächsten zu betrügen. Ein Mädchen spricht ihn auf der Straße an und will sofort Sex mit ihm. Danach ist sie verliebt und merkt, dass er sie nicht lieben kann. Seine Chefin hat sich geschworen, nichts mit ihm anzufangen, bis er sie aus heiterem Himmel verführt. Zwei beste Freundinnen – die eine will ihn heiraten, mit der anderen schläft er. Eine Frau, die eine Telefonliaison mit Nishino hat, vergleicht ihn mit einer Marimo-Alge, die als samtige Kugel einsam auf dem Grunde des Sees liegt. In seinen Fünfzigern möchte er zusammen mit einer jungen Geliebten sterben, doch so weit will sie nicht mit ihm gehen. Hiromi Kawakami erzählt von der Flüchtigkeit der modernen Liebe, und wie sie das tut, darin liegt ihre große Kunst.

Hiromi Kawakami, 1958 in Tokio geboren, studierte Naturwissenschaften und unterrichtete Biologie, ehe sie sich dem Schreiben zuwandte. Ihre Bücher wurden mit zahlreichen japanischen Literaturpreisen ausgezeichnet, und sie zählt zu den populärsten Schriftstellerinnen Japans.

Hiromi Kawakami

Die zehn Lieben des Nishino

Roman

Aus dem Japanischen von
Ursula Gräfe und Kimiko Nakayama-Ziegler

dtv

Von Hiromi Kawakami ist bei dtv außerdem lieferbar:
Der Himmel ist blau, die Erde ist weiß (13857)
Herr Nakano und die Frauen (13979)
Am Meer ist es wärmer (14099)

**Ausführliche Informationen über
unsere Autorinnen und Autoren und ihre Bücher
finden Sie unter www.dtv.de**

2020 dtv Verlagsgesellschaft mbH & Co. KG, München
Lizenzausgabe mit Genehmigung der
Carl Hanser Verlag GmbH & Co. KG, München
© 2018, Carl Hanser Verlag GmbH & Co. KG, München
Die Originalausgabe erschien 2003 unter dem Titel
›Nishino Yukihiko no koi to bōken‹ bei Shinchō sha in Tokio.
© 2003, Hiromi Kawakami
Umschlaggestaltung: dtv nach einer Vorlage von
Peter-Andreas Hassiepen unter Verwendung einer
Illustration von lavendertime/iStock
Satz: C.H.Beck.Media.Solutions, Nördlingen
(Satz nach einer Vorlage von Gaby Michel)
Druck und Bindung: Druckerei C.H.Beck, Nördlingen
Gedruckt auf säurefreiem, chlorfrei gebleichtem Papier
Printed in Germany · ISBN 978-3-423-14771-2

Die zehn Lieben
des Nishino

PARFAIT

Minami war damals sieben Jahre alt.

Sie war ein schüchternes kleines Mädchen, das mit seinen zierlichen Fingern unentwegt kleine Kunstwerke aus Papier faltete: Orgel. Trichterwinde. Wellensittich. Sanbō – ein Tischchen für Opfergaben. All diese Werke bewahrte sie in einer mit Buntpapier beklebten Schachtel auf. Ich hatte Minami sehr jung bekommen.

Als sie sieben war und ich Mitte zwanzig, gab es Momente, in denen ich sie ganz schön satthatte. Was mir hinterher immer so leidtat, dass ich sie besonders ungestüm in die Arme schloss. Offenbar war es eine Mischung aus meiner Jugend und Minamis kindlicher Wehrlosigkeit, die diesen Widerwillen in mir hervorrief. Wenn ich sie dann an mich riss, ließ sie es stets stumm über sich ergehen. Sie war überhaupt sehr still für ein so kleines Kind.

Damals verliebte ich mich.

Liebe – was war das eigentlich?

Der Mann, in den ich mich verliebte, war ein gewisser Nishino. Er war etwa zehn Jahre älter als ich und umarmte mich ständig.

Als er es das erste Mal tat, blieb ich ganz still wie Minami. Überließ mich stumm seiner Umarmung, ohne darüber nachzudenken, ob es aus Liebe oder Verliebtheit geschah.

Mit jedem Mal fühlte ich mich stärker zu ihm hingezogen, wohingegen seine Gefühle von Anfang an immer gleich zu bleiben schienen.

Was ist Liebe? Ein Mensch hat das Recht, einen anderen zu lieben, aber keinen Anspruch, von diesem wiedergeliebt zu werden. Nishino war also keineswegs verpflichtet, mich zu lieben. Dennoch litt ich darunter, dass er mich nicht so liebte wie ich ihn. Und weil ich so litt, wuchs meine Verliebtheit.

Einmal ging mein Mann an den Apparat, als Nishino anrief.

»Jemand von der Versicherung«, sagte er ruhig, als er mir den Hörer reichte.

Ich beschränkte mich auf leise Äußerungen wie »ja«, »nein« oder »ich verstehe«, während Nishino sich am anderen Ende der Leitung einen Spaß daraus machte, im Ton eines Versicherungsvertreters zu erklären, er wolle jetzt sofort mit mir schlafen. Vielleicht liebte ich ihn ja in Wirklichkeit gar nicht.

Währenddessen sah mein Mann neben mir in aller Ruhe irgendwelche Papiere durch. Vielleicht wusste er alles, vielleicht nichts. In den gesamten drei Jahren, seit ich Nishino kennengelernt und mich in ihn verliebt hatte, bis ich mich allmählich von ihm distanzierte und schließlich nicht mehr mit ihm telefonierte, hatte mein Mann mir nie eine einzige Frage gestellt.

Den Blick auf seinen sauber ausrasierten Nacken gerichtet, wiederholte ich »ja«, »aha« und »genau«. Nachdem Nishino einige Minuten gesprochen hatte, legte er abrupt auf. Es war immer er, der zuerst auflegte. Wahrscheinlich mochte ich ihn gar nicht, war aber definitiv in ihn verliebt.

Manchmal nahm ich Minami mit, wenn ich mich mit Nishino traf. Auf seinen Wunsch.

»Wenn man Kinder hat, sollten es Töchter sein«, sagte er immer. Nishino war nicht verheiratet. Obwohl er damals schon über vierzig war. Er war sieben Jahre älter als mein Mann, besaß aber nicht annähernd dessen kühle Gelassenheit. Doch obwohl Nishino eher weltfremd wirkte, schien er beruflich ziemlich erfolgreich zu sein. Ich weiß noch, wie erstaunt ich war, als ich bei unserer ersten Begegnung auf seiner Visitenkarte las, was für eine gehobene Position er hatte.

Nishino brachte Minami immer ein kleines Geschenk mit. »Mach es nur auf«, sagte er dann, und Minami löste, ohne etwas zu sagen, mit ihren zierlichen Fingerchen die rote Schleife. Das Papier raschelte.

Ein mit Tellinamuscheln besetzter Pinselhalter. Ein Briefbeschwerer in Form eines Hündchens. Ein mit Mohn bestreutes und mit Bohnenmus gefülltes Gebäckstück. Eine handtellergroße Spieluhr. Minami betrachtete das jeweilige Geschenk, ohne eine Miene zu verziehen. »Vielen Dank«, flüsterte sie mit einer leichten Verbeugung.

Von Anfang an hatte sie mich nie gefragt, wer dieser Bekannte denn sei, und war wie ein stummer kleiner Schatten an meiner Hand neben mir hergegangen. Musste ich fürchten, dass sie meinem Mann von Nishino erzählte? Hoffte ich vielleicht sogar, dass ihr gegenüber ihrem Vater unabsichtlich etwas über Nishino herausrutschte?

In Minamis Gegenwart verzichtete Nishino darauf, mich zu umarmen. Stattdessen führte er uns in ein Terrassenlokal und bestellte, ehe Minami noch den Mund aufmachte, ein Erdbeerparfait für sie und zwei Tassen Kaffee für uns. Wenn keine Erdbeersaison war, gab es ein Bananenparfait.

»Man spricht das ›Parfee‹ aus, also zum Beispiel Schokoladen*parfeee*«, erklärte Nishino, indem er das *e* übertrieben dehnte. Minami nickte unverbindlich. Auch ich nickte vage.

Dabei wechselten wir einen Blick. Das Weiße in ihren Augen war fast bläulich und die Pupillen in der dunklen Iris vollkommen rund. Als ich ein wenig die Stirn runzelte, zog auch sie die Brauen zusammen, lächelte aber dabei.

Minami aß ihr Parfait nie auf. Dennoch bestellte Nishino unweigerlich eins für sie – Erdbeer oder Banane.

»Ein Parfait für unsere kleine Minami, ja?«, sagte er stets lauter als nötig und sah Minami, die den Blick gesenkt hielt, eindringlich ins Gesicht.

Nach dem Café drehten wir jedes Mal eine Runde in einem Park und gingen anschließend geradewegs zum Bahnhof. Nishino kaufte die Fahrkarten und drückte jeder von uns eine in die Hand, mir eine für Erwachsene, Minami eine für Kinder. An der Fahrkartensperre trennten wir uns.

Als ich sie entwertet hatte und mich umdrehte, stand Nishino noch an der Sperre und winkte mir lächelnd zu. Obwohl Minami immer, ohne sich umzuwenden, schnurstracks auf die Treppe zusteuerte, galt Nishinos Winken auch ihr. Er winkte uns beiden und sogar dem leeren Raum zwischen uns.

»Du, Mama?«, sagte Minami in dem Frühjahr, als sie gerade fünfzehn geworden war. »Dieser Herr Nishino war schon ein komischer Typ, findest du nicht?«

Unsere letzte Begegnung mit ihm hatte stattgefunden, als sie zehn war, im Winter. Damals hatte ich mich von Nishino getrennt, ohne ihr zu erklären, warum wir uns nicht mehr mit ihm trafen, aber auch sie hatte ihn nie wieder erwähnt.

Übrigens war Minami bei unseren Treffen mit Nishino mehrmals in Gelächter ausgebrochen, aber sichtlich verlegen verstummt, sobald sie merkte, dass ich sie ansah. Anschließend hatte sie immer ein paar Mal leise geniest.

Als Minami fünfzehn war, dachte ich kaum noch an Nishino. Dass sie in jenem Frühjahr plötzlich seinen Namen erwähnte, erstaunte und berührte mich. Seit langem hatte ich wieder einmal das Gefühl, als öffne sich ein Loch in meinem Bauch, aus dem sämtliche Luft aus mir herausströmte.

»Ihr wart damals doch ein Liebespaar, oder?«, fragte Minami und sah mir gerade in die Augen.

Ich überlegte, konnte mich aber nicht richtig erinnern. Ich wusste nicht einmal mehr, ob wir uns öfter getroffen hatten. War ich in ihn verliebt gewesen? Oder hatte ich ihn sogar geliebt? Ich wusste kaum noch, ob es diesen »Herrn Nishino« wirklich gegeben hatte oder nicht.

»Manchmal nannte mich Herr Nishino *seine kleine Minami*. Es fühlte sich an, als würde schwarze Farbe an meiner Hand kleben. Und ich konnte reiben und waschen, wie ich wollte, sie ging nicht ab«, flüsterte sie in singendem Tonfall.

Seit dem Vorjahr wurde Minami rasch größer. Ihre Arme und Beine wollten gar nicht aufhören zu wachsen. Ich hatte die Vorstellung, dass die Zellen, die Minami im Zuge dieser dramatischen Entwicklung ausbildete, sich alle paar Tage komplett erneuerten und ihr Körper ständig von frischen Zellen erfüllt war.

»Es war irgendwie blöd, als wir uns nicht mehr mit Herrn Nishino getroffen haben. Seine Präsenz wollte ewig nicht verschwinden.«

»Seine Präsenz?«

»Ja, es blieb lange so was bittersüß Nostalgisches.«

»Wir waren lange nicht *Parfeee* essen, kleine Minami. Möchtest du?«, imitierte ich Nishino, und sie lachte.

»Ob es ihm gut geht?«

»Ganz bestimmt.«

»Über den Hündchen-Briefbeschwerer habe ich mich gefreut.«

Auch nach meiner Trennung von Nishino hielt Minami den silbernen Briefbeschwerer in Ehren. Sie nannte ihn Koro und polierte ihn hin und wieder mit Sand.

»Und das Gebäck mit Bohnenmus und Mohn hat mir auch geschmeckt.«

Nishino hatte ein Talent dafür, Geschenke auszuwählen. Auch mir hatte er eins gemacht. Ein silbernes Glöckchen mit einem sehr hellen Klang.

»Das musst du jetzt ständig bei dir tragen, Natsumi«, hatte er gesagt und dabei gelacht. »Damit ich immer weiß, wo du bist.« Und wenn du es weißt, hatte ich gefragt, was machst du dann? Ergreifst du die Flucht? Wie eine Maus vor einer Katze, die ein Glöckchen trägt? »Aber nein, Natsumi«, hatte er geantwortet, »es ist, damit ich dich besser packen kann. Auf diese Weise kannst du mir nicht entkommen.«

Bei seinen Worten errötete ich.

Beim nächsten Mal trug ich das Glöckchen an einer Kette um mein Handgelenk. Und sooft Nishino mich in die Arme nahm, läutete es. Ich lasse dich nie mehr gehen, sagte Nishino.

Wo es wohl geblieben war, das Glöckchen von damals? Bei der Erinnerung an Nishinos Umarmungen verspürte ich einen Anflug von Sehnsucht, konnte aber nicht mehr richtig nachempfinden, wie sehr ich in ihn verliebt gewesen war.

»Nishino hat damals gesagt, er würde dich ausführen, wenn du groß bist«, sagte ich.

»Was sollte das denn?«, sagte Minami empört.

»So war er eben.«

»Ein ziemlich schmuddeliger Typ, wie es aussieht.«

»Ach was, er war nur ein verspielter Charmeur.«

»Dieser Spinner«, sagte Minami, aber es klang zärtlich.

Vielleicht schmeichelte ihr die Vorstellung, ohne dass es ihr bewusst war.

»Bist du vielleicht in jemanden verliebt, Minami?«

»Nein«, erwiderte sie prompt. Stand auf, marschierte mit abweisender Miene die Treppe hinauf und schlug ihre Zimmertür hinter sich zu.

Wie hatte Nishino damals auf sie gewirkt? Eben auf der Treppe hatte sie den typischen süßen Duft junger Mädchen verströmt. Die fünfzehnjährige Minami ging mir anders auf die Nerven als die siebenjährige, und ich sehnte mich seit langem wieder einmal danach, Nishinos Stimme zu hören.

Inzwischen war Minami fünfundzwanzig.

Und allem Anschein nach öfter verliebt gewesen. Auch wenn sie mir nie etwas davon erzählt hatte. Sie ver- und entliebte sich genauso wortlos, wie sie als kleines Mädchen Papier gefaltet hatte.

Seit meiner Trennung von Nishino waren fünfzehn Jahre vergangen. Und endlich konnte ich mich an ihn erinnern.

Ich dachte nun besonders häufig an seine Stimme, seine Bewegungen und seine Worte. Als gehöre er noch zu meiner unmittelbaren Umgebung, weshalb ich mich mitunter sogar fragte, ob er womöglich nicht mehr am Leben war.

Nishino hatte öfter von seinem Tod gesprochen. »Wenn ich einmal sterbe …«, hatte er gern und ein wenig kokett gesagt. Der Gedanke, dass ich damals so alt gewesen war wie Minami heute, erstaunte mich immer wieder.

»Eigentlich würde ich gern heiraten«, hatte Nishino manchmal gesagt.

»Was hindert dich?«

Worauf er fragte, ob ich ihn heiraten würde.

Da ich wusste, dass er es nicht ernst meinte, schüttelte ich jedes Mal nur den Kopf.

»Mit dir ist aber auch gar nichts los«, sagte er dann so leichthin, dass es mir einen Stich versetzte. Ich tat, als wisse ich nichts davon, aber Nishino traf sich damals noch mit einer Menge anderer mir unbekannter Frauen. Daher fand ich es ziemlich grausam von ihm, mit mir von Heirat zu sprechen.

»Weißt du, Natsumi, wenn ich sterbe, komme ich zu dir«, hatte Nishino gesagt.

»Wie bitte?«

»Wenn ich sterbe, will ich, dass du mich siehst.«

»Das sagst du doch zu allen«, erwiderte ich, aber Nishino widersprach mir ungewöhnlich ernst: So sei das keinesfalls.

»Mama, ich glaube, im Garten ist jemand«, rief Minami.

Es war Freitag, und sie war den ganzen Tag zu Hause, weil sie sich Urlaub genommen hatte. Mitunter tat sie das ohne besonderen Grund. Wenn ich sie danach fragte, lächelte sie nur und gab keine Antwort.

Instinktiv spürte ich, dass der Jemand Nishino war.

Der leicht süßliche Duft des Kürbisgerichts, das ich gerade kochte, erfüllte die ganze Küche. Unser alter Kühlschrank brummte geräuschvoll.

»Minami, geh mal gucken«, rief ich am Spülbecken stehend.

Jemand öffnete das hölzerne Gartentor. Kurz darauf vernahm ich das Klappern von Holzsandalen auf den Trittsteinen. Ein plötzlicher Windstoß zauste die Pflanzen.

Alle Geräusche verstummten.

»Mama, komm mal«, rief Minami aus dem Garten.

Der Kühlschrank begann wieder zu rumpeln.

»Nein, ich komme nicht«, antwortete ich ruhig durch das Küchenfenster und spähte durch das Gitter nach draußen.

Zwischen den Pflanzen saß eine schemenhafte Gestalt, die eine gewisse Ähnlichkeit mit Nishino hatte.

Sie schien mit dem Garten zu verschmelzen. Im üppigen Gras aufzugehen. Minami ging vor ihm in die Hocke und sah ihm forschend ins Gesicht. Nishino.

Er saß sehr aufrecht und wirkte weit weniger lässig als zu Lebzeiten. Seine Ausstrahlung passte nicht zu der Art, wie er sich früher die Haare zurückgestrichen und mir zugezwinkert hatte.

»Möchtest du etwas trinken?«, fragte Minami. »Ein Glas Wasser vielleicht?«

Der Schatten nickte verhalten.

Obgleich Minami und Nishino sich in einiger Entfernung zur Küche befanden, konnte ich aus irgendeinem Grund jede ihrer Bewegungen deutlich erkennen.

Ich öffnete den Wasserhahn und füllte ein dünnwandiges Glas. Vorsichtig, um keinen Tropfen zu verschütten, ging ich damit zur Tür und durch den Garten.

Minami wartete geduldig auf einem Trittstein sitzend.

»Mama, was bedeutet das?«, fragte sie.

»Das weißt du doch, Minami«, erwiderte ich leise.

»Ist das Herr Nishino?«

»Ja, gewiss.«

»Ist er gestorben?«

»Ja, ich vermute es.«

Minami und ich tauschten einen verstohlenen Blick. Das Windglöckchen läutete. Nishino schwankte sacht im Gras.

»Solltest nicht lieber du es ihm bringen, Mama?«, fragte Minami, während sie mir das Glas abnahm.

»Bring du es ihm, bitte.«

»Aber …«

»Bitte!«

Die Lippen zusammengepresst und etwas unsicher ging Minami auf Nishino zu. Das Wasser schwappte im Glas, sodass sie ein wenig davon verschüttete. Nachdem sie es ihm gereicht hatte, hockte sie sich neben ihn. Nishino hielt das Glas in beiden Händen und trank es sorgfältig aus.

»Bestimmt möchte er noch mehr.« Minami drückte mir das leere Glas in die Hand und sah mich vorwurfsvoll an. »Willst du ihm nicht noch ein Glas holen?«

Libellen schwirrten anmutig zwischen den Pflanzen umher. Zwischen Fuchsschwanzgras und Knöterich. Nishino saß da und sah mich an. Er bewegte den Mund, aber ich konnte nicht hören, was er sagte. Ich ging in die Küche, um ihm ein weiteres Glas Wasser zu holen.

»Mama, warum ist Herr Nishino gekommen?«, fragte Minami. Ich zuckte stumm mit den Schultern.

Nachdem Nishino auch das zweite Glas geleert hatte, streckte er sich auf dem Boden aus. Minami holte einen alten Liegestuhl aus dem Schuppen, stellte ihn neben ihn, zog ihre Sandalen aus und setzte sich hinein. Dabei wechselten sie ein paar Worte.

»Ich habe ihn gefragt, aber er antwortet nicht«, wandte sie sich aus dem Liegestuhl an mich. Seufzend.

»Er hat doch gesagt, dass er kommen würde«, erwiderte ich, während ich mich auf der Stufe zur Veranda niederließ.

Nishino lag mit geschlossenen Augen da und summte. Das Gefühl von damals, als ich in ihn verliebt gewesen war, lebte wieder in mir auf. Sein Haar war an den Schläfen ergraut, und Falten hatten sich um seinen Mund und seine Augen gegraben. Es war das Gesicht eines Mannes über fünfzig.

»Nishino!«, sprach ich ihn nun zum ersten Mal an.

Er hörte nicht auf, das *Lied am Strand**** zu summen. Minami sang dazu: »Wenn ich morgens wandre, am hellen Strande, kommt die Erinnerung …«

»Das passt jetzt genau zu dir«, sagte ich bemüht scherzhaft, worauf Nishino sich mit einem verlegenen Lachen hochrappelte.

---

* *Hamabe no uta.* Bekannter Schlager aus dem Jahr 1916. (A. d. Ü.)

»Siehst du, Natsumi, da bin ich«, sagte Nishino jetzt mit klarer Stimme. Er winkte mich zu sich.

»Stimmt, da bist du«, sagte ich, ohne auf sein Winken zu reagieren.

»Ich hatte es ja versprochen. Und ich habe mein Versprechen gehalten.«

Nishinos Tonfall. Sein typischer, leicht neckender Tonfall.

Minami saß, die Arme um die Knie geschlungen, mit resignierter Miene in ihrem Liegestuhl.

»Hast du noch eine Tochter bekommen?«, fragte ich aus der Distanz.

»Ich habe nie geheiratet.«

Es wimmelte jetzt von Libellen und Schmetterlingen. Einige ließen sich auf Minamis Schultern und Armen nieder. Das Windglöckchen läutete in der Brise.

»Hübsch bist du geworden, kleine Minami«, sagte Nishino und musterte sie mit zusammengekniffenen Augen. »Leider konnte ich mein Versprechen, mit dir auszugehen, nicht erfüllen.«

»Mit mir war nichts dergleichen ausgemacht«, erwiderte Minami gereizt.

»Diesmal hätte ich dich nicht zu einem Parfait eingeladen. Es wäre schon ein etwas erwachseneres Rendezvous geworden.« Noch immer dehnte er das *e* von Parfait.

»Wissen Sie, Herr Nishino, Ihre Parfaits haben mir sowieso nie geschmeckt«, sagte Minami mit boshaftem Unterton.

»Ich weiß«, sagte er und strich sacht über ihren bloßen Arm. Die Libellen und Schmetterlinge flogen auf.

»Nishino«, sagte ich sanft. Er setzte sich gerade hin und streckte mir die Hand entgegen.

»Komm her zu mir, Natsumi«, sagte er mit treuherzigem Hundeblick.

»Nein, es ist vorbei. Ich brauche nicht mehr zu dir zu kommen«, sagte ich ruhig.

»Ach, Natsumi, bitte komm doch, ich bin so traurig.«

»Ich bin auch traurig.«

»Du siehst deiner Mutter gar nicht ähnlich, Minami. Du bist auch hübsch, aber Natsumi war eine Schönheit«, wechselte Nishino das Thema.

So war er schon immer gewesen. Minami kicherte. »Die Augen vom Papa, die Nase von Mama und der Mund von Oma«, flötete sie leise.

»Sei doch nicht so, Mama, setz dich zu uns. Herr Nishino muss doch sicher gleich gehen.« Wie um Minamis Worte zu unterstreichen, raschelten die Blätter der Hortensien. Barfuß stieg ich in den Garten hinunter. Kiesel hefteten sich an meine Fußsohlen. Grashalme streiften meine Waden.

»Wie geht es deinem Mann?«, fragte Nishino höflich.

»Alles ruhig und friedlich. Jeden Tag das Gleiche.«

»Das freut mich. Ruhig und friedlich ist das Beste.« Er hatte es kaum ausgesprochen, als Minami niesen musste. Es sei nicht zu fassen, erklärte sie, dass wir beide Konversation machten, nachdem Herr Nishino doch gestorben und trotzdem eigens vorbeigekommen sei, worauf sie noch dreimal nieste.

»Es ist sehr nett, dass du gekommen bist«, sagte ich und legte meine Wange an seine.

»Natürlich! Ich hatte es doch versprochen.«

»Ich wusste gar nicht, dass du so pflichtbewusst bist.«

»Man sieht es mir vielleicht nicht an, aber im Herzen war ich es immer.«

»Du hast dich nicht verändert«, sagte ich und küsste ihn auf die Wange. Nishino machte ein Gesicht, als würde er gleich anfangen zu weinen, tat es aber nicht.

»Ich möchte in diesem Garten begraben werden«, sagte Nishino in ernstem Ton.

»Das geht nicht«, stieß Minami spontan hervor.

»Ja, stimmt, das geht wohl nicht.«

Bemüh dich nicht, Nishino, dachte ich. Mir genügt es schon, dass du gekommen bist.

»Doch! Macht mir ein Grab«, beharrte Nishino im gleichen bestimmenden Ton, in dem er früher das Parfait bestellt hatte.

»Ein Grab?«, fragte Minami erschrocken.

»Ja, so eins wie für einen Goldfisch würde mir schon reichen.«

Ich sah ihn an. Er machte ein Gesicht wie ein trotziges Kind, das von seiner Mutter ausgeschimpft wird. Genau wie zu seinen Lebzeiten.

»Also gut«, sagte ich und schloss ihn sacht in die Arme.

Nishino blieb bis kurz vor Sonnenuntergang.

Ich ging in die Küche zurück, um Gemüse zu frittieren, während Minami die ganze Zeit bei ihm im Garten saß. Als ich gerade das Öl erhitzte, hörte ich, wie sie einen Schrei ausstieß.

Er ist weg, dachte ich.

Gleich darauf kam sie zu mir in die Küche. »Er ist gegangen«, murmelte sie mit gesenktem Blick.

Ja, er ist gegangen, antwortete ich im Geist und suchte in einer Schublade nach einer Zange. Dann leerte ich einen Holzkasten, in dem ich Nudeln aufbewahrte, zog an allen vier Ecken die Nägel heraus, nahm ihn auseinander und legte eins der rechteckigen Brettchen auf die Arbeitsplatte. Ich kramte ein Schreibset aus Minamis Schulzeit hervor und schrieb mit schwarzer Tusche und einem großen Pinsel »Hier ruht Yukihiko Nishino« darauf.

Anschließend steckte ich das Brett im Garten neben den Gräbern von Goldfisch und Katze in die Erde.

Ich habe dich wirklich geliebt, Nishino, dachte ich, während ich mit gefalteten Händen davorkniete. Minami gesellte sich zu mir.

Eine Weile verharrten wir mit geschlossenen Augen in dieser Haltung. Schließlich blickten wir gemeinsam auf.

»Lass uns irgendwann mal wieder ein Parfait essen«, sagte ich, während ich mich langsam erhob. Minami nickte stumm.

Die Libellen und die Schmetterlinge hatten den Garten verlassen. Irgendwo in der Ferne ertönte ein Glöckchen.

IM GRAS

Ich vergrub vierzehn Kerzen.

Mit einer kleinen, etwas rostigen Schaufel hob ich die feuchte Erde aus.

Wenn man etwa dreißig Schritte durch das im Sommer mannshoch wuchernde Unkraut in das unbebaute Grundstück hineinging, gelangte man zu einer Gruppe von Bäumen. Magnolie und Kampferbaum kannte ich. Es gab dort noch andere Arten, die ihr dichtes Astwerk in den Himmel reckten und im Herbst kleine Eckern abwarfen, aber ihre Namen kannte ich nicht.

Wo die Bäume standen, wucherte das Unkraut nicht so stark. Also grub ich zu Füßen des Kampferbaums ein etwa zehn Zentimeter tiefes Loch und legte die vierzehn kurzen dünnen Kerzen hinein. Und bedeckte sie mit der ausgehobenen Erde. Als nichts mehr von ihnen zu sehen war, strich ich die Erde sorgfältig glatt und stampfte sie fest. Ich stampfte so lange, bis nicht mehr zu erkennen war, dass dort etwas vergraben lag. Ich trat ein wenig zurück, um mein Werk zu betrachten. Die Stelle war nur wenig erhöht.

»So!«, sagte ich und nahm meine Mappe, die ich im Gras abgestellt hatte. Die Schaufel kam in eine Plastiktüte und in die Mappe. Achtlos das Unkraut niedertretend, marschierte ich durch das von herbstlichem Insektengezirp erfüllte Gelände und ging, ohne mich weiter aufzuhalten, nach Hause.

Am Tag zuvor war ich vierzehn geworden. Die Kerzen stammten von meiner Geburtstagstorte. Am Abend hatte ich sie alle auf einmal unter dem Applaus meines Vaters ausgepustet. Dann hatten wir die Torte angeschnitten und verzehrt, uns stumm die Rosen aus Buttercreme in den Mund gestopft.

»Lecker«, sagte ich, und mein Vater lächelte zustimmend. Obwohl die Torte in Wirklichkeit überhaupt nicht lecker war.

Es war das fünfte Mal, dass mein Vater und ich allein feierten. Meine Mutter hatte uns eine Woche vor meinem zehnten Geburtstag verlassen. Damals hatten wir den Tag zum ersten Mal zu zweit begangen. Im Vergleich zu der Torte, die meine Mutter immer zu meinem Geburtstag gekauft hatte, war die von meinem Vater irgendwie primitiv. Bei der von meiner Mutter war der Biskuitteig viel lockerer gewesen, gar nicht zu reden von der Schokoladensahne darauf. Die Anzahl der Kerzen hatte nicht meinem Alter entsprochen, sondern es waren immer nur drei gewesen. Und meine Mutter war jedes Mal eigens mit der Bahn in die Stadt gefahren, um die Torte bei der bekannten Konditorei abzuholen, wo sie sie immer bestellte.

Mein Vater machte nie den geringsten Versuch, mir zu erklären, warum meine Mutter uns verlassen hatte. Er hat nie wieder mit ihr gesprochen. Aber weil Namiko, meine Tante väterlicherseits, es mir irgendwann gesagt hatte, wusste ich, dass meine Mutter mit einem anderen Mann durchgebrannt war.

Natürlich erzählte ich meinem Vater nichts davon. Meine Mutter existierte nicht mehr, weder für ihn noch für mich. Seit jenem Tag bis in alle Ewigkeit.

Das brachliegende Grundstück kannte ich schon lange. In dem kleinen Hain tummelten sich besonders viele Hirschkäfer, und in meiner Grundschulzeit machten die Jungen, sobald die Sommerferien begannen, schon frühmorgens Jagd auf sie. Einmal schloss ich mich ihnen an und erwischte auch ein kleines Exemplar. Damals gab es in unserer Gegend noch massenhaft unbebaute Grundstücke, und das, auf dem ich die Kerzen vergrub, war nur eines davon.

Im Laufe der Jahre entstanden immer mehr neue Häuser, bis es überhaupt keine größeren freien Flächen mehr gab. Hirsch- und Nashornkäfer wurden zunehmend seltener und verschwanden schließlich ganz.

Als ich in der siebten Klasse war, besuchte ich auf dem Heimweg von der Schule gewohnheitsmäßig das Brachgelände, auf dem so gut wie nie jemand anzutreffen war. Heute würde wahrscheinlich kein Kind mehr in so einem verlassenen Gestrüpp spielen, in dem höchstens ein paar Heuschrecken herumhopsten.

Das Erste, was ich dort vergrub, war Rogen, mein Goldfisch.

Ich hatte ihn in einem Goldfischglas im Flur gehalten. Vor ihm hatte es zwei Goldfische beherbergt, die ich eines Abends bei einem Matsuri – einem Gemeindefest – erworben beziehungsweise im buddhistischen Sinne »gerettet« hatte.

Sie waren rot und hatten vorstehende Glubschäuglein. Ich trug sie in einer Plastiktüte nach Hause, und meine Mutter kaufte mir unterwegs in einem Geschäft für tropische Fische ein Goldfischglas. Es war leicht bläulich und hatte einen gewellten Rand. Die Namen der Fische – A-bert und B-mut – suchte ich mit meiner Mutter aus. A-bert hatte die runderen Augen, und B-mut war besonders rot.

Leider war den beiden nur ein kurzes Leben beschieden. Vielleicht hatte ich sie überfüttert? Oder sie hatten schon in dem Bassin auf dem Nachtmarkt Schaden genommen? Jedenfalls trieb am dritten Tag nach ihrer Rettung A-bert und am vierten B-mut mit dem Bauch nach oben auf dem Wasser.

Jedes Mal weinte ich bitterlich. Am Morgen des fünften Tages waren meinen Augen so rot und geschwollen, dass mein Vater sagte: »Shiori, du siehst aus, als hätte dich der Goldfischfluch ereilt.«

»Du bist so gemein, Papa«, schrie ich ihn an, und meine Mutter rügte mich: Das sei keine Art, mit seinem Vater zu sprechen.

Als ich an dem Tag aus der Schule kam, schwamm in dem Glas im Flur ein großer Goldfisch, viel größer als A-bert oder B-mut.

Ich fragte meine Mutter, woher er komme. Den habe sie in dem Geschäft für tropische Fische gekauft, antwortete sie wahrheitsgemäß und korrekt.

Mein Vater hätte bestimmt etwas erfunden wie: »A-bert und B-mut hatten dich so lieb, Shiori, dass sie sich im Himmel vereint haben und wiedergekommen sind.«

Auf meine Frage, ob dieser Fisch nun länger leben würde, überlegte meine Mutter einen Moment. »Ich weiß es nicht«, erwiderte sie, »aber ich habe den Verkäufer extra gebeten, ein besonders robustes Exemplar auszusuchen. Also hast du ihn bestimmt eine Weile. Aber garantieren kann ich das nicht.«

»Jedenfalls hoffe ich es«, sagte ich, und meine Mutter nickte.

Es war meine Mutter, die ihm den Namen »Rogen« gab, weil er so rot war wie Dorschrogen.

Rogen starb ein Jahr nachdem sie fortgegangen war. Also hatte ich ihn etwa zwei Jahre gehabt. Aus irgendeinem Grund wollte ich ihn nicht im Garten begraben, also machte ich mich mit einer Schaufel auf den Weg zu dem leeren Grundstück.

Der Herbst ging allmählich zu Ende, und die Pflanzen waren spärlicher geworden. »Möge Rogen in seinem nächsten Leben glücklich sein«, murmelte ich, als ich allein mit meiner Schaufel an seinem Grab stand. Es tat mir weh, seinen Namen auszusprechen, weil er mich so an meine Mutter erinnerte. Aber Rogen konnte ja nichts dafür, dass sie ihm seinen Namen gegeben hatte.

Keine Ahnung, ob zwei Jahre für einen Goldfisch ein langes Leben waren.

Nach Rogen hatte ich noch vieles auf dem Grundstück begraben.

Elf Kerzen. Einen Spielzeugring aus dem Kaugummiautomaten. Einen Kamm aus Buchsbaum, den ich noch in der Frisierkommode meiner Mutter gefunden hatte. Zwölf Kerzen.

Schmerztabletten. Dreizehn Kerzen. Einen Frosch aus Onyx. Einen gesprungenen Kaffeebecher.

Alles Dinge, die in Beziehung zu meiner Mutter gestanden hatten. Ich erinnerte mich noch genau, wo jedes einzelne unter der Erde lag.

Eine Woche nachdem ich die vierzehn Kerzen vergraben hatte, erhielt ich einen Brief.

Als ich in der Schule mein Schuhfach öffnete, lag ein weißer Briefumschlag darin. Er war nicht aus dem glatten braunen, grünen oder rosa Papier, das die Mädchen aus meiner Klasse für gewöhnlich benutzten, sondern sah offiziell aus. Ein Umschlag, wie Erwachsene ihn verwendeten.

»An Shiori Yamagata« stand in schwarzer Schrift darauf und auf der Rückseite der Name »Tōru Tanabe«.

Ich erinnerte mich weder an den Namen noch an die Handschrift. Allerdings kannte ich auch nur die Handschrift von ein paar Lehrern, die an die Tafel schrieben, und die von Tōko und Chie, weil sie mir mitunter ihre Hefte liehen.

Die Zeichen »Shiori Yamagata« waren groß und muteten irgendwie kraftvoll an.

Ich schob den Brief in meine Tasche und nahm ihn mit auf das Brachgelände. Der Sommer war zwar vorbei, aber die Pflanzen standen noch hoch. Ich setzte mich auf meinen gewohnten Stein an der Magnolie und öffnete den Brief.

Liebe Shiori,
  entschuldige, dass ich Dir einfach so schreibe.
  Ich heiße Tōru Tanabe und bin in der 8 c.
  Wir waren noch nie in einer Klasse, aber ich kenne Dich von der Feier zum Schuljahresbeginn.

Hast Du vielleicht Lust, irgendwann mal mit mir ins Kino zu gehen?

Ich bin auf dem naturwissenschaftlichen Zweig.

Mein Hobby ist Funken.

Vielleicht wärst Du überrascht gewesen, wenn ich Dich direkt angesprochen hätte, also schreibe ich Dir vorsichtshalber zuerst.

Wenn Du Lust hast, können wir uns demnächst verabreden.
Viele Grüße
Tōru Tanabe

Mein Name am Anfang und sein Name am Ende waren mit blauer Tinte geschrieben, der übrige Text mit schwarzer. Ich las den Brief dreimal und fragte mich, ob er die Namen später eingefügt hatte.

Ich war nicht gerade ein Typ, auf den die Jungen flogen. Im Gegensatz zu Chie, die ihre »Liebhaber« alle paar Monate wechselte, oder Tōko, die jeden Tag nach der Schule auf dem Gepäckträger ihres Freundes Kitabayashi nach Hause fuhr. Es kam ab und zu vor, dass ich mit einem Jungen auf den Rummelplatz oder ins Kino ging, aber es ergab sich nie eine besondere Beziehung daraus. Wir trafen uns ein- oder zweimal, und damit war die Sache beendet.

Ich hielt mich für wenig attraktiv. Andererseits war mir auch nicht klar, warum es Spaß machen sollte, mit einem Jungen zusammen zu sein. Es war mir nahezu unverständlich, weshalb Chie mit so vielen von ihnen ausging. Aber Tōko, die immer mit ein und demselben – diesem Kitabayashi – herumhing, verstand ich noch weniger.

»Wenn du einen Jungen kennenlernst, den du magst, wirst du es schon verstehen«, erklärte sie mir.

»Könnte sein«, antwortete ich, ahnte aber schon, dass ich niemals so sein würde wie Tōko.

Ihren Lebensweg stellte ich mir so vor: Sie verliebte sich in einen Mann, heiratete ihn, bekam Kinder, bekam von diesen Kindern Enkel und starb irgendwann friedlich im Kreise ihrer Kinder und Enkel. Mein Weg war wahrscheinlich ein ganz anderer. Vielleicht würde ich mich doch eines Tages verlieben und Kinder bekommen, aber das erschien noch unvorstellbar.

»Du bist doch erst in der achten Klasse, Shiori.« Tōko lachte. »Dafür denkst du ganz schön viel über diese Dinge nach.«

»Außerdem sind wir auch nicht so einfach gestrickt, wie du denkst, Shiori«, sagte Chie, anscheinend etwas beleidigt.

Ich faltete den Brief von Tōru Tanabe sorgfältig wieder zusammen und steckte ihn zurück in den weißen Umschlag. Der Brief gefiel mir sehr. Würde Tōru mich bitten, mit ihm auszugehen, würde ich zusagen. Doch bei dem Gedanken an das, was danach kam, verließ mich der Mut.

Vielleicht würden wir ein- oder zweimal ins Kino gehen, Tee trinken und ein Gamecenter aufsuchen. Oder einen idyllischen Weg am Fluss entlangschlendern. Aber das wäre es dann auch schon.

Tōru Tanabe würde ungreifbar für mich sein, ebenso wie all die anderen Jungen, die ich nicht kannte. Ununterscheidbar wie die Grashalme auf dem Brachland. Seufzend erhob ich mich.

Am Montag, einen Tag nachdem ich mit Tōru im Kino gewesen war, begegnete ich Nishino auf dem unbebauten Grundstück.

Er und ich waren seit der ersten in derselben Klasse. Er fiel kaum auf, war mittelgroß und hatte mittelgute Noten. Ich wusste nicht mehr, ob er Tennis oder Baseball spielte.

Nishino und ich hatten uns einmal umarmt. Aber nicht, weil wir ineinander verliebt waren oder so etwas. Bei den Vorbereitungen für ein Schulfest drohte eine Leiter auf mich zu fallen, und Nishino hielt sie mit seinem Rücken auf, wobei er die Arme um mich legte. Die ganze Klasse jubelte, aber das war's auch schon. Nishinos Atem war warm, und seine Umarmung war mir nicht unangenehm. Sie hatte ja auch nur einen Augenblick gedauert.

Nishino saß mit einem Mädchen auf dem Stein neben der Magnolie. Meinem Stein. Eigentlich war es auch kein Mädchen, sondern eher eine Frau. Eine blasse Frau mit kurzen Haaren.

Ich stieß einen kleinen Schrei aus. Was jedoch nicht daran lag, dass Nishino auf meinem Stammplatz saß, und es war auch nicht, weil er eine Frau bei sich hatte.

Sondern weil die Frau neben ihm meiner Mutter wie aus dem Gesicht geschnitten schien.

Als Nishino und die Frau mich hörten, hoben sie langsam und in völligem Einklang die Köpfe. Sie erinnerten an zwei Marionetten, die ein Puppenspieler die gleichen Bewegungen vollziehen lässt. Jetzt erkannte ich, dass die Frau ganz anders aussah als meine Mutter.

»Shiori.« Nishino klang nicht sonderlich überrascht.

»Ist das eine Freundin von dir?«, fragte ihn die Frau, nachdem sie mir zugelächelt hatte.

»Sie ist nur eine aus meiner Klasse«, erwiderte Nishino schroff.

Es stimmte zwar, ich war in seiner Klasse, dennoch fühlte ich mich gekränkt. Hätte er das nicht ein wenig netter sagen können? Nicht nur, dass er unerlaubt auf meinem Platz saß, er tat mich auch noch als »eine aus seiner Klasse« ab.

»Was machst du hier?«, fragte ich so kühl wie möglich.

»Nichts«, sagte Nishino und stand auf. Die Frau tat es ihm nach. Wie vorhin bewegten sie sich wieder in völligem Einklang, als hätten sie sich abgestimmt.

»Ich gehe jetzt«, sagte die Frau leise und berührte Nishino sacht an der Schulter. So sacht, dass ich nicht sicher war, ob sie ihn wirklich berührt hatte. Fast erschien es mir, als würde die Bewegung ihrer Finger eine weiße Spur in die Luft zeichnen und einen Abglanz auf Nishinos Schulter hinterlassen.

»Also dann«, sagte die Frau und verließ leichtfüßig das Grundstück.

Nishino und ich standen wie angewurzelt da und blickten ihr nach.

»Wohnst du hier in der Nähe?«, fragte ich.

Da er sich nicht von der Stelle rührte, blieb ich gleichfalls dort stehen. Mehrere Minuten oder vielleicht auch nur einige Sekunden standen wir ganz still.

»Nein«, sagte Nishino kurz. Seine Stimme klang sehr erwachsen. Ganz anders als die von Tōru Tanabe und den anderen »Jungs«. Ich musste sie schon oft gehört haben – in der Schule –, konnte mich aber nicht erinnern, wie sie dort klang. Diesen Tonfall hörte ich ganz sicher zum ersten Mal.

»Kommst du öfter hierher?«

Nishino antwortete nicht. Aber er ignorierte mich nicht absichtlich. Eher hatte ich den Eindruck, dass meine Stimme nicht zu ihm durchdrang. Also machte ich einen großen Schritt auf den Stein an der Magnolie zu, auf dem er mit der Frau gesessen hatte, und ließ mich entschlossen darauf nieder. Nishino sah mich unverwandt an.

»Wohnst du denn hier in der Nähe?«, fragte er kurz darauf. Seine Stimme klang jetzt anders, nicht mehr wie vorhin. Es war die typische Stimme eines Achtklässlers, der kein Kind mehr, aber auch noch kein Mann war.

»Ja, ganz in der Nähe«, sagte ich, und Nishino setzte sich ins Grüne und zerdrückte dabei das Fuchsschwanzgras. Er saß genau an der Stelle, an der ich den Kamm aus Buchsbaum vergraben hatte.

Ich erschauerte. Unter ihm in der dunklen Erde lag der Buchsbaumkamm, dem einige Zähne fehlten. Es war weder Angst noch Freude, Ekel oder Traurigkeit, die mich erschauern ließ, sondern eine Mischung aus alledem.

Libellen flogen am Himmel. Es wurden immer mehr. Dann weniger. Und unversehens wieder mehr.

»Ich hau ab«, sagte Nishino barsch und stand auf. An der Hose seiner Schuluniform hafteten eine Menge winziger Grassamen.

»Mach's gut«, sagte ich und blieb auf meinem Stein sitzen.

»Du auch«, sagte Nishino.

Übersät von Grassamen, machte er sich auf den Heimweg.

Am nächsten Tag begegnete ich Nishino in der Klasse, doch wir sahen uns nicht an. Natürlich sprachen wir auch nicht miteinander. Bislang hatte ich ohnehin kaum mit ihm geredet.

Übrigens war Tōko, bevor sie mit Kitabayashi zusammenkam, in Nishino verliebt gewesen und hatte ständig von ihm sprechen wollen. Von seiner Seite bestand offenbar kein Interesse. »Was findest du nur an diesem Nishino?«, fragte Chie sie immer und lachte sie aus. Ich vernahm eine gewisse Bitterkeit in ihrem Ton, sodass ich mich mitunter fragte, ob Chie ebenfalls in Nishino verliebt sei, sagte aber natürlich nichts.

Irgendwann freundete sich Tōko dann mit Kitabayashi an, und Nishino war kein Thema mehr.

Den ganzen Tag verfolgte ich, was Nishino tat. Er sagte so gut wie nie etwas. Auch wenn er mit anderen Jungen zusammenstand, äußerte er sich, bis auf ein paar zustimmende Laute, überhaupt nicht. Wenn alle lachten, lachte er mit, und wenn er etwas gefragt wurde, gab er die kürzest mögliche Antwort.

Doch bei all seiner Wortkargheit vermittelte er keinen unliebenswürdigen Eindruck. Ein Nicken von ihm schien zu genügen, um seine Gesprächspartner glauben zu machen, er hätte mindestens zehn Worte gesprochen.

Nishino war von einer eigentümlichen Atmosphäre umgeben. Wie kein anderer Junge in der Klasse. Je näher man ihm kam, desto stärker geriet man in ihren Bann. Und dennoch konnte niemand durch diese Atmosphäre zu ihm vordringen, obwohl sie etwas Weiches, Warmes und Angenehmes ausstrahlte und die Illusion weckte, Nishino sei wie sie.

Es geschah, nachdem ich das dritte Mal einen Film mit Tōru »rezipiert« hatte, wie er es nannte – eine Ausdrucksweise, die mir durchaus nicht missfiel.

Nachdem wir das erste Mal zusammen im Kino gewesen waren, tranken wir in einem Café einen Saft. Später gingen wir in eine Buchhandlung, in der Tōru, wie er mir sagte, allmonatlich eine Zeitschrift für Amateurfunker kaufte, und anschließend nach Hause. Nach dem zweiten Kinobesuch tranken wir einen Kaffee und gingen in einen Laden für Modelleisenbahnen, wo er mir eine Lokomotive zeigte, die er demnächst bauen wollte. Tōru Tanabe sammelte offenbar Modelle der Spur Ho. Ich begriff nicht genau, worum es dabei ging. Auch bei unserer dritten Verabredung »rezipierten« wir einen Film.

»Mädchen finden Typen wie mich normalerweise langweilig, oder?«, sagte Tōru, als wir uns das zweite Mal trafen.

»Wirklich?«, fragte ich erstaunt, denn ich langweilte mich nicht im Mindesten.

»Doch, doch«, erwiderte Tōru und griff mit einer Hand in den Rucksack, den er über der Schulter trug. Immer hatte er diesen großen braunen Rucksack dabei. Als ich ihn einmal anhob, staunte ich, wie schwer er war.

Tōru besaß nicht Nishinos Ausstrahlung, sondern eher die Kühle einer zugigen Hochebene am Morgen.

»Ein Funkgerät ist sicher teuer?«, fragte ich bei unserem zweiten Treffen.

»Ja, ziemlich.«

»Nett von deinen Eltern, dass sie dir so was kaufen.«

Tōru grinste. »Nein, ich habe es von meinem großen Bruder geerbt.«

Sein Bruder studierte Architektur.

»Was willst du denn später mal machen?«, fragte mich Tōru. Ich überlegte, konnte mir aber meine Zukunft nicht recht vorstellen. Es gab nichts, das ich machen oder werden wollte.

Ich schwieg. Tōru sah mich an und kratzte sich am Kopf. »Wahrscheinlich finden die Mädchen mich langweilig, weil ich immer gleich solche Fragen stelle.« Er sah von oben auf mich herunter. Er war nämlich sehr groß.

»Nein, das ist es nicht. Mir fällt nur nichts ein«, erwiderte ich.

»Du bist wirklich total sympathisch.« Tōru kniff die Augen zusammen und errötete.

Er hatte mich missverstanden. Mir fiel wirklich nichts ein. Es gab rein gar nichts, das ich tun wollte. Dafür gab es einiges, das ich auf keinen Fall tun wollte. Tiere quälen zum Beispiel. Andere Menschen um ihr Glück beneiden. Mir die Haare kurz schneiden. Einem ungerechten Befehl gehorchen. Ein pastellfarbenes Kleid tragen. Und noch eine ganze Menge anderer Dinge.

Nach unserer dritten Filmrezeption tranken wir schwarzen Tee in dem Café und gingen weder in den Buch- noch in den Modelleisenbahnladen, sondern in den Park, wo Tōru pfeifend neben mir herspazierte. Ich hatte Mühe, mit ihm Schritt zu halten, denn seine Beine waren viel länger als meine.

Als wir am Springbrunnen ankamen, hörte Tōru auf zu pfeifen. In der Nähe des Brunnens lag eine Art Wäldchen. Tōru ging mir voran hinein. Ich folgte ihm mit kleinen Schritten.

An einer Stelle, an der die Bäume uns verbargen, blieb er plötzlich stehen, sodass ich, weil ich gerannt war, in ihn hineinlief. Tōru drehte sich um und sah mir von oben ins Gesicht. Auf seiner Stirn hatte sich ein wenig Schweiß gebildet.

»Darf ich dich küssen?«, fragte er.

»Ja«, sagte ich. Obwohl ich schon mit so etwas gerechnet hatte, wusste ich nicht, wie ich mich verhalten sollte. Ich wusste nicht einmal, ob ich Tōru Tanabe überhaupt küssen wollte oder nicht. Als ich nichts weiter sagte, beugte er sich zu mir und hob mein Kinn an.

»Nein!«, rief ich spontan.

Tōru ließ sofort mein Kinn los und entschuldigte sich leise.

»Eigentlich sollte ich mich entschuldigen«, sagte ich und wandte ihm mein Gesicht zu. Ich schloss die Augen und wartete, dass er mich küsste.

Aber er tat es nicht. Als ich zwischen halb geschlossenen Lidern zu ihm aufblinzelte, war sein Blick auf den Springbrunnen gerichtet.

»Tut mir leid«, sagte ich noch einmal und öffnete die Augen.

»Du brauchst dich nicht zu entschuldigen«, sagte Tōru und klopfte mir auf die Schulter.

»Das war zu schnell, oder?«, sagte Tōru, als wir das Wäldchen verließen. Er lachte verlegen.

»Aber nein«, widersprach ich mit ernster Miene, aber dann musste ich auch lachen. »Oder vielleicht war es doch ein bisschen überstürzt.«

Nebeneinander gingen wir durch den Park. Als Tōru

fragte, ob er meine Hand nehmen dürfe, nickte ich. Er verlangsamte seine Schritte, was mir ein normaleres Tempo gestattete. Zumindest musste ich nicht mehr rennen.

Tōru brachte mich nach Hause. »Mach's gut. Bis bald«, sagte ich. Er lächelte. »Bis bald.«

Während ich ihm von unserem Tor aus nachblickte, fragte ich mich, ob ich in ihn verliebt sei. Eigentlich gefiel er mir recht gut. Aber würde es mir gefallen, wenn er mich küsste?

Ein wenig war mir auch nach Weinen zumute. Ich erinnerte mich an seine Frage, was ich später einmal machen wolle, und dachte an all die Dinge, die ich nicht tun wollte.

Ich wollte nicht erwachsen werden. Vor allem fürchtete ich mich davor, ohne es zu merken, so zu werden wie meine Mutter.

Nach langer Zeit ging ich wieder einmal auf das leere Grundstück.

Seit ich Nishino und der Frau dort begegnet war, hatte ich es gemieden. Ich gestand mir nicht ein, dass ich die Stelle, an der Nishino und die Frau zusammen gesessen hatten, nicht mehr sehen wollte, aber tief in meinem Inneren wusste ich, dass es so war.

Es war einen Tag nach meiner dritten Verabredung mit Tōru.

Der Herbst war zur Hälfte herum und das Gestrüpp nicht mehr so dicht. Die Blätter verfärbten sich noch nicht, aber es lagen schon einige Eckern am Boden. Die Libellen waren ganz verschwunden, und im Gras zirpte es nur noch leise.

Ich setzte mich nicht auf den Stein an der Magnolie, sondern etwas weiter weg auf einen von vielen Eckern umgebenen Baumstumpf. Unter seinen Wurzeln hatte ich den Frosch aus Onyx vergraben. Er war handtellergroß. Meine Mutter hatte ihn bekommen, als sie noch nicht verheiratet war. Von einem Jungen, mit dem sie früher befreundet gewesen war, wie sie mir einmal anvertraut hatte.

Eine Weile nachdem meine Mutter uns verlassen hatte, hatte mein Vater ihre Sachen weggegeben, aber auch später tauchte hier und da noch etwas von ihr auf. Den Frosch hatte sie in dem Regal mit den Fotoalben versteckt. Er fühlte sich kühl an, als ich ihn mir auf die Hand setzte. Später vergrub ich ihn sorgfältig auf dem leeren Grundstück.

Ich saß auf dem Baumstumpf und wartete. Irgendwie hatte ich das Gefühl, Nishino würde auftauchen. Bestimmt war er, auch nachdem wir uns hier begegnet waren, noch öfter mit dieser Frau hergekommen. Es war ihnen egal, ob ich hier war oder nicht. Das musste mir niemand sagen, ich hatte es den beiden angesehen.

Nachdem ich eine Weile gewartet hatte, kamen Nishino und die Frau. Verstohlen setzten sie sich auf den Stein neben der Magnolie. Ich beobachtete sie mit angehaltenem Atem.

Die beiden sahen sich in die Augen und redeten irgendetwas. Es sah nicht aus, als wäre es von Bedeutung. Die beiden brauchten keine bedeutsamen Worte. Ihnen genügten gehauchte Laute.

Die Insekten zirpten. Ich war zu einem der Grashalme auf dem brachliegenden Grundstück geworden. Einem Grashalm, der sachte schwankend die Geräusche belauschte, die es erfüllten.

Sanft berührte die Frau Nishinos Arm. Wie damals schien ihre Bewegung einen reinweißen Streifen zu zeichnen. Einen Streifen mitten durchs Gras. Die Frau führte Nishinos Hand an ihre Bluse, und er öffnete von oben einen Knopf nach dem anderen. Weiße Unterwäsche kam zum Vorschein. Die Frau hatte volle runde Brüste, die gar nicht zu ihren melancholischen Zügen zu passen schienen.

»Bitte«, glaubte ich, sie sagen zu hören, aber vielleicht täuschte ich mich auch. Nishino zog ihr die Unterwäsche aus, sodass ihre Brüste hervorquollen.

»Sie tun so weh«, sagte die Frau. Diesmal konnte ich es deutlich hören.

Als sie die Spitzen mit ihren Fingern drückte, trat eine weißliche Flüssigkeit aus. Nishino sah ruhig dabei zu, wie die Frau weiter ihre Brust massierte. Weiße Tropfen sprühten heraus wie Wasser aus einer Dusche.

»Es tut weh. Saug daran«, sagte die Frau.

Nishino beugte sich bedächtig vor und legte seine Lippen an die Brust der Frau. Er saugte inbrünstig mit eingezogenen Wangen. Wie schön sein Profil war. Ich fand, er sah jetzt aus wie ein Baby, das an der Brust seiner Mutter trank. Die Frau hatte die Augen geschlossen. Ihr Gesicht war ausdruckslos.

Als er mit der einen Brust fertig war, wandte Nishino sich der anderen zu. Danach hob er den Kopf und fragte die Frau, ob es jetzt besser sei. Sie nickte, zog ihre Unterwäsche an und knöpfte die Bluse zu.

»Danke«, sagte die Frau. Sie stand abrupt auf und verließ das leere Grundstück.

Statt ihr zu folgen, blieb Nishino auf dem Stein an der Magnolie sitzen. Auch ich rührte mich nicht von meinem Baumstumpf. Die Sonne ging unter, und die Dämmerung senkte sich. Unversehens rannen mir Tränen übers Gesicht.

Ich erschauerte. Doch nicht wie damals, als Nishino an der Stelle gesessen hatte, wo der Buchsbaumkamm begraben war.

Wie schön war Nishino gewesen, als er so inbrünstig an den Brüsten der Frau saugte. Die ganze Szene strahlte eine unglaubliche Schönheit aus. Auf einmal musste ich laut weinen. So laut, dass ich das Zirpen der Insekten im Gras übertönte, so laut wie damals, als meine Goldfische A-bert und B-mut gestorben waren. Im Nu war Nishino bei mir.

»Shiori!«, rief er nicht wie ein Erwachsener, sondern wie ein Achtklässler.

»Du bist wirklich das Letzte«, sagte er. Ich wollte aufhören zu weinen, aber es gelang mir nicht sofort.

Nishino stand stumm da, bis ich ganz aufgehört hatte.

»Das war meine große Schwester.« Dann erzählte er mir, dass sie zwölf Jahre älter sei als er und vor kurzem ihr sechs Monate altes Kind verloren habe.

Es war ihr erstes Kind. Nach der Beisetzung hatte sie einen Nervenzusammenbruch erlitten. Jetzt konnte sie nicht mehr allein zu Hause sein. Sobald niemand bei ihr war, fürchtete sie, sterben zu müssen.

Trotz dieser Ängste floss ihre Milch überreichlich. Sooft sie an ihr totes Baby dachte, schoss ihr die Milch ein. Im Freien ließ ihre Angst ein wenig nach. Der Anblick von Pflanzen, Bäumen und Erde beruhigte sie.

»Und kaum hat meine Schwester sich etwas beruhigt,

murmelt sie, dass sie am liebsten sterben würde«, fuhr Nishino fort. Ich schaute erschrocken auf, er hingegen wirkte ganz gelassen.

»Das ist doch …«, setzte ich an, aber Nishino schüttelte den Kopf.

»Sie sagt, immerhin könne sie noch darüber reden. Das sei ein gutes Zeichen.«

Richtig schlimm wäre es, wenn sie nichts mehr sagen könnte, hatte sie ihm erklärt. So wie sie die Spannung und den Schmerz in ihren Brüsten nicht ertrug, würde sie es nicht ertragen, wenn Gedanken sich in ihr festsetzten und verhärteten. Doch sobald Worte aus ihrem Mund quollen wie die Milch aus ihren Brüsten, würde sich die Anspannung lösen und sie fände etwas Erleichterung.

»Du liebst deine Schwester sehr, nicht wahr?«, sagte ich leise.

»Sie tut mir so leid«, erwiderte Nishino, die Augen in die Ferne gerichtet.

Ich hätte gern gefragt, was denn mit dem Mann der Schwester sei, aber ich tat es nicht. Die Aura, die Nishino und seine Schwester umgab, war nicht die von Liebenden, jedoch eindeutig auch nicht die zwischen Blutsverwandten.

»Du bist jetzt mit Tanabe zusammen, oder?«, fragte Nishino unvermittelt.

Ich nickte, obwohl ich gewisse Zweifel hegte, dass ich wirklich mit Tanabe »zusammen« war.

»Aha«, sagte Nishino. »Schade, denn ich bin auch ein bisschen in dich verliebt«, fügte er hinzu.

»Ach?« Verblüfft sah ich ihn an. Just in diesem Moment legte Nishino den Finger unter mein Kinn, zog mein Gesicht zehntausendmal zärtlicher zu sich heran, als Tōru Tanabe es getan hatte, und küsste mich.

Nishino öffnete seine Lippen, sodass sein Speichel in meinen Mund floss. Er schmeckte süß. Ob das von der Milch war? Oder war es Nishinos eigener Geschmack? Unwillkürlich schlang ich meine Arme um ihn und drückte mich an ihn.

Wir küssten uns lange. Immer weiter küssten wir uns, während Nishino an jemand anderen dachte als an mich, und auch ich an Dinge dachte, die nichts mit ihm zu tun hatten.

Während mein Mund seinen Speichel aufnahm, dachte ich an all die Dinge, die ich bisher auf dem leeren Gelände vergraben hatte.

Nishino zu küssen war wunderschön. Schöner als alles, was ich bisher gekannt hatte. Und doch fühlte es sich einsam an. Es war der einsamste aller Momente von Einsamkeit, die ich je erlebt hatte.

Während wir uns küssten, nahm ich mir vor, nie wieder etwas hier zu vergraben. Und vielleicht konnte ich meinem Vater klarmachen, dass ich keinen Geburtstagskuchen mehr wollte? Und irgendwann zu meiner Mutter gehen? Und mich von nun an nicht mehr davor fürchten, erwachsen zu werden?

Nishinos Kuss schloss alles ein, was zu unseren vierzehn Jahren gehörte, und schloss zugleich alles aus. Wir küssten uns aus Leibeskräften.

»Danke, Nishino«, sagte ich, als wir uns endlich zu Ende geküsst hatten.

»Schon gut«, sagte Nishino und dann: »Kannst du nicht mit Tanabe Schluss machen und mit mir zusammen sein?«

Als ich ihn erstaunt ansah, wurde er rot und kickte mit Schwung in die verwelkten Pflanzen.

»Aber so sehr magst du mich doch gar nicht, Nishino«, sagte ich.

»Stimmt überhaupt nicht.«

»Wirklich nicht?« Ich sah ihn scharf an, aber er wich meinem Blick aus.

»Ein Mädchen wie du mit Tanabe, das geht doch nicht«, murmelte er.

»Aber mit dir geht es, oder was?«, gab ich zurück. »Du bist ganz schön eingebildet, Nishino.«

»Quatsch«, entgegnete er und setzte sich wieder neben mich. Einen Moment lang hielten wir uns an den Händen. Es war vollkommen anders als mit Tōru. Seine Hand hatte sich mir entgegengestreckt wie ein unbekanntes Lebewesen aus einem fernen Land. Etwas Großes, Warmes, Furchterregendes, das ich nie zuvor gesehen hatte. Aber an Nishinos Hand war nichts Fremdes oder Unvertrautes. Es gab keine Grenze zwischen unseren Händen, ich wusste kaum, wo meine Hand aufhörte und seine anfing.

»Ich bleibe mit Tōru zusammen«, sagte ich.

»Okay«, antwortete Nishino desinteressiert.

»Tōru Tanabe ist ein ganz anderer Mensch als ich, deshalb bleibe ich bei ihm.«

»Ja, ja, schon kapiert.« Nishino lachte, und ich stimmte ein.

Beinahe gleichzeitig standen wir auf. Die Hose von Nishinos Schuluniform und auch mein Rock waren voller Pflanzensamen.

Der Herbst ging zu Ende. Unversehens war es Winter und sehr kalt.

Zehnmal ging ich mit Tōru Tanabe ins Kino. Im Anschluss an das neunte Mal gingen wir Kaffee trinken und in den üblichen Park, wo es endlich zu einem ersten Kuss zwischen uns kam. Tōru war seit dem ersten verunglückten Mal ziemlich gehemmt, weshalb ich mich schon besorgt gefragt hatte, ob es jemals dazu kommen würde. Seit Nishinos Kuss hatte ich mich immer mehr in Tōru verliebt. Aus ganz verschiedenen Gründen.

In der Schule redete ich weiterhin nicht mit Nishino. Und da ich das leere Grundstück nie mehr aufsuchte, ergab sich keine Gelegenheit zu einem Gespräch. Als wir einmal zufällig gemeinsam die Schule verließen, fragte ich ihn, ob es Neuigkeiten von seiner Schwester gebe. Sie habe sich ein wenig erholt, sagte Nishino wie üblich kurz angebunden.

Die Zeit verging. In diesem Winter wollte ich mir die Haare abschneiden lassen. Auch meine Mutter hatte sie immer kurz getragen. Ich hatte ihr weiches Haar geerbt, das dazu neigte, zu dicht anzuliegen. Außerdem beschloss ich, in nächster Zeit einmal mit Tōru über meine Mutter zu sprechen. Über Rogen, den Goldfisch, und auch über die Buttercremetorte zu meinem Geburtstag. Wie er das wohl aufnehmen würde?

Das brachliegende Grundstück war schon zu Beginn des Winters gerodet und verkauft worden.

Im trüben Licht der Jahreszeit dachte ich gelegentlich an Nishino. Nach der Mittelstufe würden wir uns vermutlich nicht mehr wiedersehen, aber ich würde sicher noch oft an ihn denken.

An die Samenkörner an seiner Hose. Die Gegenstände, die auf dem Grundstück vergraben lagen. Den Stein neben der Magnolie. Den Widerstand der feuchten Erde, wenn man sie aufgrub. Und seinen wundersamen, milchsüßen Kuss.

Nie würde ich vergessen, was ich mit vierzehn im Gras auf dem leeren Grundstück erlebt hatte, damals, als ich nicht mehr Kind, aber auch noch nicht erwachsen war.

GUTE NACHT

Yukihiko war grausam.

Das klingt vielleicht unerwartet. Denn eigentlich gehörte er nicht zu der Sorte von Männern, auf die dieses Wort passte.

Er hatte volles Haar. Ein markantes, aber nicht zu kantiges Kinn. Große dunkle Augen. Und stets ein leichtes Lächeln auf den Lippen.

Yukihiko wurde nie laut. Wenn er mich bei meinem Namen – Manami – rief, dann immer in sanftem Ton, und sobald er meinen Blick auffing, lächelte er. Sein Kinn war weich, und seine Bartstoppeln prickelten angenehm, wenn sie mich berührten.

Es war nicht das Geringste an ihm auszusetzen.

Alle in unserer Firma waren dieser Meinung. Ein vertrauenswürdiger Mitarbeiter. Ein sympathischer älterer Kollege, mit dem man gern mal was trinken ging. Yukihiko war so verträglich, dass es fast schon langweilig war.

Dennoch war er grausam.

Nicht, weil er mich plötzlich im trüben Licht eines Konferenzzimmers leidenschaftlich küsste. Auch nicht, weil er danach meinen Oberkörper auf einen Konferenztisch drückte und mir langsam die Bluse aufknöpfte. Und auch nicht, weil er meine nackte Haut in aller Ruhe liebkoste, obwohl jeden

Augenblick jemand hereinkommen konnte. Und auch nicht, weil er, sooft ich ihn bat, damit aufzuhören, ungerührt antwortete, das tue er nicht.

Nicht ein einziges Mal hatte ich ihm zu erkennen gegeben, dass ich in ihn verliebt war. Ich war stellvertretende Leiterin der Abteilung, zu der auch Yukihiko gehörte. Ich heiße Manami Enomoto, und Yukihiko Nishino war mein direkter Untergebener. Ich war drei Jahre älter als er und hatte fünf Jahre vor ihm in der Firma angefangen. Weder hatten wir uns je allein getroffen noch jemals miteinander geflirtet. Zu gemeinsamen Außenterminen fuhren wir mit dem Zug, nötigenfalls auch mit dem Bus, und anschließend genauso unverzüglich wieder zurück ins Büro. Nachdem wir unsere Berichte und Belege eingereicht hatten, war alles erledigt. So war das – damals.

Dennoch war ich von Anfang an in Yukihiko verliebt gewesen. Sooft er an meinem Platz vorbeiging und ich seine Gegenwart spürte, ermahnte ich mich, Berufliches und Privates strikt getrennt zu halten. Ich wollte vorankommen und hatte nicht die Absicht, etwas mit einem Kollegen anzufangen. Dennoch hatte ich mich in dem Moment, als Yukihiko meine Abteilung betreten hatte, in ihn verliebt.

Verliebt? Dieses lauwarme Wort beschreibt kaum ausreichend, was ich empfand. Verrückt nach ihm, trifft es schon besser. Ich war leidenschaftlich und wie wahnsinnig in Yukihiko verliebt. Vom ersten Augenblick an.

Und er wusste es. Er tat nicht einmal so, als wisse er es nicht. Obwohl er genau wusste, dass ich nicht wollte, dass er es wusste. Er wusste, dass ich heimlich in ihn verliebt war und dass ich dieses Gefühl unter allen Umständen zu ersticken suchte, aber er ließ mich nicht. Er gestattete mir einfach nicht, diese Liebe einschlafen zu lassen.

Es war im Mai, als Yukihiko mich in dem halbdunklen Konferenzsaal küsste. Ein Jahr und einen Monat nachdem ich ihm zum ersten Mal begegnet war. Ein Jahr und einen Monat hatte ich darum gekämpft, meine Gefühle zu unterdrücken. Yukihiko hatte mich die ganze Zeit kühl dabei beobachtet. Und je mehr ich meine Liebe zu unterdrücken versuchte, desto größer wurde sie.

Yukihiko hatte also leichtes Spiel mit mir. Er war wie ein Schmetterlingssammler, der einen Schmetterling mit ausgebreiteten Flügeln auf ein Brett spießt und damit das gefangene und präparierte Insekt zu einem Exemplar in seiner Sammlung macht. Nur dass ich es war, die Yukihiko eingefangen hatte. Ohne dass er mich je berührt oder auch nur angesehen hatte.

Bevor ich ihm begegnet war, hätte ich allein die Möglichkeit lachend als völligen Unsinn abgetan. Sich in jemanden zu verlieben, ohne ihn zu kennen? Lachhaft! Aus dem Alter war ich nun wirklich heraus. Aus dem Alter, in dem man nur verliebt in die Liebe ist. Liebe unter Erwachsenen funktionierte anders. Fühlte man sich zueinander hingezogen, näherte man sich behutsam an, verschaffte sich einen Eindruck, beschnupperte sich, redete und ließ sich auf eine Probephase ein. So benahmen sich Erwachsene, hätte ich gesagt und gelacht. Aber das Lachen war mir gründlich vergangen. Ich hatte vor Liebe den Kopf verloren. Ich war wie betäubt, kauerte, meiner Bewegungsfreiheit beraubt, wie ein verwundetes Tier am Boden. Yukihiko hatte sich mit Leichtigkeit meiner bemächtigt. Ohne Waffen, ohne Zähne, ohne Klauen.

Und wie ich gezittert hatte. Bis in mein Innerstes gezittert. Vor überschäumendem Glück, dass Yukihiko mich eingefangen hatte.

Als er mich damals ruhig, aber zuversichtlich zum ersten Mal berührte, war er wahrhaft grausam und vermochte diese Grausamkeit auch nicht hinter seinem verhaltenen Atem, seinen zärtlichen Gesten und seiner sanften Stimme zu verstecken. Denn Raubtiere sind stets grausam, wenn sie ihre Beute schlagen und sich mit geschmeidigen Bewegungen auf schwächere Tiere stürzen. Je anmutiger sie sind, desto grausamer.

»Manami.« Yukihiko sagte meinen Namen. Im Dämmerlicht des Konferenzraums. Im Halbdunkel der heruntergelassenen Jalousien. Ich antwortete nicht, schockiert darüber, dass er, der mich sonst nur mit meinem Nachnamen anredete, meinen Vornamen kannte und mich daran erinnerte, dass ich einen hatte. Bestürzt, wie süß mein Name klang, als er ihn das erste Mal aussprach. Hinter meinen geschlossenen Lidern erschien der klare Schönwetterhimmel, der sich vermutlich vor dem Fenster ausbreitete. Yukihiko drückte meinen Oberkörper auf den Konferenztisch. Nein, flüsterte ich. Immer wieder, nein, nein, nein. Aber Yukihiko erstickte meine Stimme mit seiner grausamen Anmut. Und überwältigte mich vollkommen.

Mein Körper, mein Kopf, mein Herz, alles, was mich ausmachte. Alles gehörte ihm. Seit jenem Tag im Mai, ein Jahr und einen Monat nach unserer ersten Begegnung. Obwohl es doch in Wirklichkeit unmöglich ist, dass ein Mensch einen anderen besitzt. Dennoch wollte ich Yukihikos Eigentum werden. Ich hatte beschlossen, ihm ganz zu gehören.

Als wir aus dem Konferenzraum traten, war natürlich niemand auf dem Gang. Yukihiko überließ nichts dem Zufall. Mein Gesicht war erhitzt, aber Yukihikos Hemd war nicht im Geringsten zerknittert, seine Krawatte saß, er war der Inbegriff der Gelassenheit. Wir trennten uns, er ging nach rechts, ich nach links. Er drückte den Aufzugknopf. Ich stemmte die Tür zum Notausgang auf und stöckelte die Metalltreppe hinunter. Im Stockwerk darunter angekommen, legte ich meine Wange an die Eisentür. An die dicke kühle Eisentür. Und weinte ein bisschen. Dann fuhr ich mir ordnend durchs Haar, um sicherzugehen, dass es nicht zu zerzaust war, tupfte mir mit einem Taschentuch die Tränen ab, die mir bis übers Kinn geflossen waren, und blinzelte. Ich drückte die Eisentür auf und marschierte, meine hohen Absätze in den beigefarbenen Teppichboden bohrend, durch den Flur.

Von Yukihiko war nichts zu sehen. Als ich an unserem Abteilungsleiter vorbeiging, der sich auf ein Dokument konzentrierte, stieß ich einen leichten Seufzer aus. Es verwunderte mich, dass ich seufzte. Genauso verwunderlich war es, dass ich mich auf den Beinen halten konnte. Der Maihimmel war klar, aber ich hatte mich in ein undurchsichtiges Wesen verwandelt. Ich kehrte an meinen Schreibtisch zurück und steckte mir ein Erfrischungsbonbon in den Mund. Ruhig nahm ich meine Arbeit auf.

Einmal begegnete ich einer früheren Geliebten von Yukihiko.

Er redete sie mit »Kanoko« an, und ich war außer mir. Wie konnte er sie nur vor mir mit ihrem Vornamen ansprechen? Den Namen einer Frau sagen, die seine Geliebte gewesen war? Auf diese vertrauliche Weise.

»Guten Abend, freut mich, Sie kennenzulernen«, brachte ich hervor, schäumte jedoch innerlich. Einige Tage zuvor hatte Yukihiko mir angekündigt, dass diese Kanoko mit uns essen gehen wolle. Kanoko? Wer ist das?, fragte ich. Eine Freundin von mir, antwortete er. Und streichelte dabei meinen Hintern. Es ist so erfrischend, einem Mädchen den Hintern zu streicheln. Es tut so gut. Ich liebe das, erklärte er ungerührt. Dein Hintern ist auch sehr erfrischend, erwiderte ich. Vielleicht solltest du hin und wieder mal deinen eigenen Hintern betätscheln. Yukihiko lachte. Auch ich lachte. Dachte aber gereizt an Kanoko.

Kanoko fragte mich, ob ich Yukihiko liebe. Was für eine unangenehme Frau. Innerlich tobte ich, ließ mir aber nichts anmerken und lächelte bescheiden.

Yukihiko gab sich gelassen. Das Essen sei köstlich. Genau die richtige Menge an Sake. Er plauderte unverfänglich. Der Abend schritt langsam voran. Kanoko schien beschlossen zu haben, Yukihikos neue Freundin nicht ernst zu nehmen. Sie fand mich uninteressant und versuchte nicht einmal, es zu verbergen. Und ich verhielt mich sehr erwachsen (als vernünftige Person, drei Jahre älter als die beiden), trank lächelnd meinen Sake und genoss mit einem glänzenden Silberlöffel das Nashi-Sorbet, das zum Dessert serviert wurde.

Als wir uns endlich von Kanoko verabschiedet hatten, drehte ich Yukihiko brüsk den Rücken zu und schritt energisch vor ihm aus.

»Manami! Was hast du denn?«, rief Yukihiko hinter mir. Ohne zu antworten, stampfte ich wütend vor ihm her. Kraftvoll, wie ein Mammut über eine vereiste Ebene.

»Bist du sauer?«

Stampf, stampf.

»Aber was ist denn?«

Stampf, stampf.

Plötzlich überholte mich Yukihiko und nahm mich in die Arme. Ich sträubte mich. Wehrte mich energisch. Sofort ließ er mich los.

»Was denkst du dir eigentlich, mich deiner früheren Geliebten vorzuführen?«, schrie ich. Er öffnete ein wenig den Mund.

»Das wusstest du?«

»Natürlich, wie auch nicht?«

»Aber woher denn?«

»Denkst du, ich bin blöd?«

»Nein ...«

»Was bist du für ein unsensibler Kerl!«

»Ich? Unsensibel?«

»Ein grober Klotz.«

»Grober Klotz?«

»Infantil!«

»Infantil?«

Yukihiko wiederholte jedes Wort mit dem Ausdruck echter Verwunderung. Allmählich ging mir die Kraft aus. Ich sank in die Hocke und fing an, bitterlich zu weinen. Nachdem ich eine Zeitlang geschluchzt hatte, schob Yukihiko seine Hände unter meine Achseln und hievte mich hoch. Dann hob er mein Kinn an und küsste mich. Zweimal, dreimal ganz leicht, in sachten Wellen. Ich lehnte mich an ihn und schluchzte weiter. Untröstlich.

»Tut mir leid«, sagte Yukihiko. Ich nickte. Weinend.

»Tut mir leid«, wiederholte Yukihiko. Ich schmiegte mich an ihn, plötzlich in ein anhängliches Frauchen verwandelt. Dabei war mir dieser Frauchentyp so zuwider. So hatte ich auf keinen Fall werden wollen. Aber nun beschloss ich, ein Weibchen zu bleiben. Von nun an würde ich Yukihiko nie mehr von mir aus anrufen. Da ich nun einmal ein Weibchen geworden war, brauchte ich mir keine Zurückhaltung mehr aufzuerlegen. Dachte ich insgeheim.

Der Moment, in dem Yukihiko begann, mich zu lieben.

Auch als wir uns schon regelmäßig trafen und ich bei ihm zu Hause übernachtete (aus dem gleichen Grund, aus dem ich beschlossen hatte, ihn nie mehr anzurufen, ließ ich Yukihiko auch nicht bei mir übernachten), hatte ich immer gespürt, dass er mich nicht besonders liebte. Er war meistens irgendwie abwesend und zerstreut, aber so geschickt, dass man nichts davon merkte, falls man ihn nicht sehr genau beobachtete.

Da war die Sache mit dem Glockenspiel.

Ich weiß nicht mehr genau, in welchem Viertel es war. Jedenfalls fuhren wir dorthin, um uns einen Film anzusehen. Es war Frühling, ich trug meine Jacke über dem Arm. Durch das Fenster der Bahn zu unserem Treffpunkt sah ich, dass die Bahndämme voller gelber Rapsblüten und violetter Veilchen waren. Später gingen Yukihiko und ich nebeneinanderher zum Kino. Der Asphalt glänzte.

Es war um die Mittagszeit. Plötzlich blieben die Leute vor uns stehen und blickten in den Himmel. Auch das Paar schräg vor uns. Also blieben auch wir stehen. Der Himmel war wolkenverhangen.

»Da ist doch gar nichts«, sagte ich, aber Yukihiko deutete auf das Dach eines Kaufhauses vor uns.

»Sieh mal da!«

Aus der Uhr auf dem Dach traten Märchenfiguren heraus und drehten ihre Runde. Ein Glockenspiel – traurig und heiter zugleich – ertönte. Kling, kling, klong. Inzwischen waren alle Passanten stehengeblieben und schauten hinauf.

Als das Glockenspiel endete, gingen die Leute weiter, nur Yukihiko und ich blieben Händchen haltend dort stehen.

»Wenn es ginge, wäre ich gern der Frosch«, sagte ich.

Unter den Figuren war ein Frosch gewesen, der nach seinem Erscheinen einen Moment verharrte, eine Art Purzelbaum schlug und dann wieder verschwand.

»Es gab doch auch eine Prinzessin und eine Königin. Warum möchtest du ausgerechnet der Frosch sein?«, fragte Yukihiko.

»Ich weiß nicht, irgendwie ist es für mich der Frosch.«

»Aha.«

Aha – mehr sagte Yukihiko dazu nicht. Wir sahen uns den Film an (ein tränenreiches Rührstück mit viel Action und einem Happy End. Yukihiko liebte solche Filme), tranken anschließend Tee, bummelten ein bisschen, aßen ein Curry zu Abend und tranken Bier dazu (Yukihiko behauptete, er könne sich morgens, mittags und abends von Curry ernähren). Doch die ganze Zeit schien ihn etwas zu beschäftigen.

»Ich habe dir die Frage vorhin falsch gestellt«, sagte Yukihiko auf einmal. Wir hatten das Curry beendet und noch scharfes Hähnchen und Eiersalat bestellt.

»Ich wollte nicht fragen, warum du der Frosch sein willst,

sondern warum überhaupt eine dieser Figuren. Egal ob Frosch oder Prinzessin.«

»Wie bitte?« Ich wusste im ersten Moment gar nicht, worum es ging, denn ich hatte seine Frage schon wieder vergessen. Aber da er mich so ernsthaft ansah, gab ich mir Mühe und überlegte mir eine Erklärung.

»Ja also, diese Figuren bleiben für gewöhnlich ganz still und im Dunkeln«, setzte ich an.

»Genau«, pflichtete Yukihiko mir gelassen bei.

»Aber einmal in der Stunde kommen sie raus.«

»Genau.«

»Um völlig vergnügt zu tanzen und zu singen.«

»Genau.«

»Dann kehren sie wieder ins Dunkle zurück.«

»Genau.«

»Und das wiederholt sich, bis sie eines Tages kaputtgehen.«

Wieder nickte Yukihiko mit gerunzelter Stirn. Er nahm ein Stück scharfes Hähnchen und biss davon ab.

»Ende der Geschichte.«

»Genau«, sagte Yukihiko, worauf er eine Weile wortlos an seinem scharfen Hähnchen kaute. Anschließend pickte er alle Eier aus dem Eiersalat. (Yukihiko liebte Eiergerichte – gekochte Eier, Rührei, Spiegelei, Omelette, rohe Eier –, alles mit Ei.) Er trank sein restliches Bier aus. »Ich geb's auf«, sagte er mit gerunzelter Stirn, das Gesicht leicht gerötet.

Er hatte begonnen, mich zu lieben.

In dem Moment wurde es mir klar. Ich wusste es genau.

»Was gibst du auf?«, fragte ich, aber Yukihiko antwortete nicht. Er konnte nicht antworten. Yukihiko, der bisher keine

Frau richtig geliebt hatte. Yukihiko, der Feigling. Ja, genau, er war ein Angsthase.

Obwohl er so charmant sein konnte. Und so grausam. Hatte er dennoch Angst.

Und wovor?

Zum Beispiel vor allem, was das Wort Ewigkeit beinhaltete. Oder vor den Dingen, die nach dem warmen Atem eines Menschen riechen. Oder vor den feuchten, erregenden Dingen, die Himmel, Erde und fließendes Wasser hervorbringen.

Vor all diesen Dingen fürchtete sich Yukihiko, und besonders fürchtete er sich vor den Frauen und Mädchen, die mit ihnen in Verbindung standen. Deshalb verliebte er sich niemals. Darum musste er sich nicht einmal bemühen, denn solche Gefühle waren ihm von Natur aus fern.

Doch nun liebte er mich.

»Lass uns gehen«, sagte Yukihiko leise. Er ließ zwei Teile scharfes Hähnchen und den Salat aus Lollo rossa, Pilzen, Rucola und Nüssen stehen, erhob sich langsam, zahlte an der Kasse, brachte mich zur nächsten Haltestelle und ging zu Fuß davon. In die Nacht hinaus. Durch die dunklen Straßen. In die starre Luft, die ihn nicht aufnehmen wollte (die schneidende Luft, in der Yukihiro sich am wohlsten fühlte).

Wie lange hatte es gedauert, bis Yukihiko Zuneigung für mich empfand?

»Wenn du nicht bei mir bist, Manami, geht es mir schlecht«, sagte er. Dabei wirkte er überhaupt nicht glücklich. Sondern ernsthaft bekümmert.

»Ich bin doch immer bei dir, Yukihiko«, erwiderte ich.

»Nein, nicht immer.«

»Na ja, genau genommen nicht.«

»Kannst du bitte nicht alt werden?«

»Das ist unmöglich.«

»Weder abnehmen noch zunehmen?«

»Bestimmt nehme ich in den nächsten zehn Jahren etwas zu.«

»Wirst du mich immer so akzeptieren, wie ich bin?«

»Ich bin nicht die heilige Maria.«

»Darf ich immer mit dir schlafen?«

»Das hängt vom Zeitpunkt und vom Ort ab.«

»Heißt das, es geht nicht immer?«

»Es gibt doch Umstände, unter denen es nicht möglich ist, oder?«

»Wirst du meiner überdrüssig werden?«

»Das weiß ich nicht.«

»Und werde ich deiner überdrüssig werden?«

»Du nervst«, sagte ich und warf ein Kissen nach ihm. Er warf es zurück. Worauf ich aufstand, um Tee zu machen.

Yukihiko konnte ziemlich anstrengend sein. Manchmal. In der Zeit, in der er wirklich an mir hing.

»Ob ich dich auch wirklich liebe, Manami?«, fragte er mich stets aufs Neue.

»Das musst du doch selbst wissen.«

Yukihiko wirkte stets etwas unbeholfen. Obwohl sein Benehmen, seine Sprache und seine Bewegungen so geschmeidig waren. Geschmeidig und zweifellos »betörend«. Dennoch hatte er etwas Ungelenkes an sich.

»Ich bin von Geburt an ungeschickt«, sagte er immer und seufzte.

»Von Geburt an?«

»Ja, Teile meines Gehirns, meines Herzens und meiner Leber sind künstlich.«

»Ist das dein Ernst?«, fragte ich, und Yukihiko nickte nachdrücklich.

»Mein Vater, meine Mutter und auch meine jüngere Schwester haben mich verwöhnt. Zu sehr verhätschelt. Wahrscheinlich hatten sie Mitleid mit mir, weil ich ein künstlicher Mensch bin«, erklärte Yukihiko in vollem Ernst.

»Aber es ist doch nicht schlecht, ein künstlicher Mensch zu sein«, flüsterte ich und streichelte seine Wange. Er schüttelte nur den Kopf.

»Nein, das ist nicht gut.«

»Mach dir nichts draus, ich liebe dich trotzdem.«

»Nein, es ist ekelhaft.«

»Warum denn?«

»Eines Tages wirst du mich nicht mehr lieben, weil ich ein künstliches Wesen bin.«

»Meinst du?«

»Ja, am Ende kann ein künstliches Wesen sich nicht unter die echten Menschen mischen.«

Vielleicht hätte ich einfach sagen sollen, er solle nicht solches Zeug reden. Es genüge doch, dass ich ihn liebte, auch wenn er mich nicht liebte. Wie sollte das weitergehen? Yukihiko machte ein verzweifeltes Gesicht. Was bin ich für ein schrecklicher Kerl, dass ich so mit einer Frau rede, sagte er und schloss mich in die Arme. Du bist ein schrecklicher Kerl, dachte ich. Und ich bin genauso eine schreckliche Frau.

Wir hielten uns umarmt. Leicht und weich. Wie im Wasser. Doch ohne uns in Wasser zu verwandeln.

Wir waren besorgt. Entrückt. Verzweifelt. Wir waren leicht. Drauf und dran, einander zu lieben. Dennoch verharrten wir an der Schwelle der Liebe, unfähig, sie zu überschreiten.

Yukihiko wurde meiner überdrüssig.

Es fällt mir schwer, dieses Wort zu verwenden, aber es passt am besten.

Yukihiko wurde meiner überdrüssig.

»Ich liebe Donuts mit Bohnenmusfüllung.« Als er das sagte, wusste ich, dass er mich satthatte.

»Ich mag sie nicht so sehr«, erwiderte ich. Yukihiko saß gegen das Kopfende des Bettes gelehnt und las eine Zeitschrift. Ich lag auf dem Teppich und schaute ein wenig abwesend einen Spätfilm. Einen traurigen Schwarzweißfilm. Die Art von Film, die Yukihiko nicht mochte. Er beschwerte sich, der Film habe zu wenig Action, es würde ja nicht einmal getanzt.

Unversehens hatte er seine Geschmeidigkeit zurückgewonnen. Seine nonchalante Distanz. Auf einmal war er meiner überdrüssig.

»Und Melonenbrot? Diese großen weichen Biskuitkugeln?«

»Die machen mich aus irgendeinem Grund traurig.«

Ich schniefte. Eine dicke Träne rollte mir übers Gesicht. Ein Gefühl der Panik ergriff mich bei der Erkenntnis, dass ich Yukihikos Zuneigung verloren hatte. Aber vielleicht war es noch nicht zu spät. Kein Grund zu weinen. Vielleicht war noch Zeit. Zeit? Wofür?

»Manami!«, sagte Yukihiko. In angespanntem Ton.

Ich wollte die Worte, die jetzt folgen würden, nicht hören. Manami, ich will mich von dir trennen. Manami, diesen Sonntag passt es mir nicht. Manami, ich habe kein Interesse mehr an dir. Ich wollte mir die Ohren verstopfen. Stattdessen wandte ich mich Yukihiko langsam zu und lächelte ihn an.

»Was ist denn?«

»Aber Currybrötchen machen dich nicht traurig, oder?«

Nein, antwortete ich. Ich lachte. (Mit Yukihikos geliebtem Curry gefüllte Brötchen. Yukihiko, den ich so sehr liebte. Yukihiko, der mich nicht mehr liebte.)

Er wusste noch nicht, dass er meiner überdrüssig war. Ob ich es ihm sagen sollte? Oder vielleicht trog mich meine Intuition? (Hoffnungsschimmer)

»Warum weinst du?«, fragte Yukihiko. Unversehens hatte ich angefangen zu weinen. Hemmungslos. Und töricht.

»Der Film war so traurig.«

»Warum siehst du dir auch so traurige Filme an?«, sagte Yukihiko zerstreut und wandte sich wieder seiner Zeitschrift zu. Ich zog noch einmal die Nase hoch. Dann weinte ich nicht mehr. Als ich zu Yukihiko hinsah, war er eingeschlafen, die Zeitschrift lag aufgeschlagen auf seiner Brust. Wach auf! Du hast deine Vitamin-B1-, Vitamin-C-Tabletten und deinen Ginkgo-Extrakt noch nicht genommen (Yukihiko war überzeugt, diese Mittel seien wirksamer, wenn man sie getrennt einnahm, statt alle auf einmal). Als ich ihn ein wenig schüttelte, brummte er nur. Ich berührte seinen Arm, der viel muskulöser war, als er aussah.

Er tat mir irgendwie leid, und ich streichelte seinen Arm. Dass auch ich bemitleidenswert war, kam mir nicht in den Sinn. Ich dachte nur an ihn. An ihn, der mich wohl bald fallenlassen würde. Yukihiko, der mich verlassen würde. Er, der, nachdem er mich losgeworden war, nicht das geringste Mitleid mit mir hätte.

Als Yukihiko ungeachtet meiner Bemühungen nicht aufwachte, nahm ich den Ginkgo-Extrakt und die Vitamine alleine (ich glaubte an ihre Wirksamkeit in der Kombination). Ich schaltete das Licht aus und legte mich neben ihn. Ich küsste ihn auf die Stirn und schloss die Augen.

»Warum müssen die Menschen sich ändern?«, fragte Yukihiko.

Draußen regnete es. Das ideale Wetter.

Jetzt war er da, der Moment. Ich seufzte. Gleich darauf spürte ich einen seltsamen Kampfeswillen in mir aufsteigen. Kampfeswillen oder das Gefühl, etwas leisten zu können.

»Vermutlich weil sie Menschen sind«, sagte ich.

Yukihiko schnaubte. »Das ist doch offensichtlich, Manami.«

»Offensichtlich ist, dass ich dreiunddreißig bin, ledig und deine Chefin.«

Mit Staunen wurde mir bewusst, dass meine erste Begegnung mit Yukihiko bereits drei Jahre zurücklag. Drei Jahre – war das eine lange oder eine kurze Zeit?

Yukihiko sah in den Regen. Große Tropfen fielen. Ein typischer Frühlingsregen.

»Manami, ich liebe dich«, sagte er.

»Aber du wirst dich von mir trennen.«

Yukihiko musterte mich scharf. Anspannung breitete sich auf seinem Gesicht aus. Als hätte er diese Worte nicht erwartet.

»Du wirst dich von mir trennen«, wiederholte ich.

»Manami!« Yukihiko war eindeutig überrascht. Doch seine Überraschung überraschte mich noch mehr.

»Warum bist du so erstaunt?«

»Weil ich doch gerade gesagt habe, dass ich dich liebe.«

»Aber du hast kein Interesse mehr an mir.«

»Das stimmt nicht.«

»Doch, das stimmt.«

Yukihiko erbleichte. Er sah mich liebevoll an. Das hatte er immer getan. Obwohl ich ihn nie liebevoll ansah. Aber wie konnten Menschen einander lieben, ohne sich liebevoll anzusehen? Brauchte man nicht Duldsamkeit, Nachsicht und auch etwas Geringschätzung, um jemanden zu lieben? Und ich konnte Yukihiko nicht einmal liebevoll ansehen. Obwohl er es umgekehrt getan hatte.

»Manami«, rief Yukihiko. Mit herzzerreißender Stimme. »Warum sagst du so etwas?«

Aber er hatte es schon bemerkt. Bemerkt, dass mir sein Desinteresse nicht entgangen war. Jetzt gab es kein Zurück mehr. Es war zu spät. Ich selbst hatte Yukihiko an einen Ort geführt, an dem es keinen Hoffnungsschimmer mehr gab.

Es regnete in Strömen. Wirklich das ideale Wetter. Genau richtig.

Allein verließ ich Yukihikos Wohnung. Schloss leise die Haustür. Yukihiko folgte mir bis in den Flur. Wie ein treuer Hund. Von seiner anfänglichen Grausamkeit war nicht mehr das Geringste übrig. Als wäre ich diejenige, die ihn verließ.

»Leb wohl«, sagte ich, aber er antwortete nicht.

»Warum?«, fragte er. Diesmal war ich es, die schwieg. Dann trat ich in den Regen hinaus.

Auch als ich durch den peitschenden Regen ging, blieb das seltsame Gefühl, etwas geleistet zu haben. Der Regen wehte schräg unter meinen Schirm.

Jetzt brauche ich nicht mehr Yukihikos Eigentum zu sein, dachte ich, mit großen Schritten durch den Regen gehend.

Was danach zwischen uns geschah.

Eine Zeitlang rief er mich noch jeden Tag an. Natürlich rief ich ihn nie an (was ich einmal beschlossen hatte, hielt ich ein. Bis zum Schluss).

Und jedes Mal fragte er, woher ich gewusst hatte, dass er mich nicht mehr liebe. Und jedes Mal antwortete ich, dass er mich von vorneherein nie geliebt habe.

Doch, das habe er, sagte er. Mag sein, antwortete ich. Aber es war nicht wahr. Yukihiko hatte es nicht zugelassen. Er, der es nicht ertrug, geliebt zu werden. Ich, die sich in ihr Gegenüber hineinversetzen konnte. Keine gute Kombination.

Eine Zeitlang achtete ich gewissenhaft darauf, dass wir nie mehr miteinander allein waren.

Einige Monate später wurde Yukihiko in ein anderes Stockwerk versetzt. Er wurde Chefassistent (eine etwas höhere Position als die des stellvertretenden Chefs).

An dem Abend schlug ich ihm vor, seine Beförderung zu feiern. Allmählich musste unsere Affäre ja ein wenig abgekühlt sein.

Abgekühlt?

»Warum kann ich keine Frau richtig lieben?«, fragte Yukihiko, als wir dicht nebeneinander an der Theke saßen.

Auf kleinen Barhockern.

»Tja, warum?«, sagte ich leise und nippte an meinem Gin Tonic.

»Vielleicht bin ich ein Versager?«

»Immerhin gut, dass du dir diese Frage stellst.«

»Du bist gemein, Manami.«

Yukihiko blies den Rauch seiner Zigarette aus. Anscheinend hatte er nach unserer Trennung angefangen zu rauchen.

»Das Sushi war gut, oder?«

»Aber ein bisschen teuer.«

»Das übernehme ich.«

Yukihiko drückte seine Zigarette aus. Er war erwachsener geworden, seit wir uns nicht mehr trafen. Ich liebe ihn noch immer, dachte ich im selben Moment. Warum hatte ich Yukihiko freiwillig gehen lassen? Heftige Reue packte mich. Obwohl mir klar war, dass das mit dem »gehen lassen« nicht stimmte. Es war einfach zu Ende gewesen. Mehr nicht.

Deshalb willigte ich ohne zu zögern ein, als Yukihiko fragte, ob ich mit zu ihm käme. Nicht, weil es mich glücklich machte. Im Gegenteil. Ich willigte ein, weil es mich nicht glücklich machte.

Das geht schon in Ordnung, redete ich mir ein. So etwas Verrücktes passiert mir kein zweites Mal.

Nein, sagte ich noch einmal zu mir selbst. Ich war unglücklich genug. Es reicht mit den Erinnerungen.

Yukihiko nahm mit gewohnter Lässigkeit meine Hand. Du riechst gut, sagte er, als er sein Gesicht an meine Brust legte. Seine Wohnung hatte sich kaum verändert. Als wäre es das Selbstverständlichste der Welt, zog er mich aus (ich wollte mich selbst ausziehen, aber Yukihiko mochte das nicht). Danach hatten wir angenehm routinierten Sex, den ich durchaus genoss. Yukihiko vermutlich auch.

Als ich mich später wieder anziehen wollte, hielt er mich am Arm fest.

»Bleib doch über Nacht.«

»Ich muss morgen früh raus.«

»Heirate mich!«

»Red keinen Quatsch.« Er solle aufhören, sich über mich lustig zu machen, sagte ich und hakte meinen BH zu. Im Kopf ging ich meine Aufgaben für den nächsten Tag durch. Ich hörte ein seltsames Geräusch. Ein Geräusch wie aus einem unscharf eingestellten Radio.

Yukihiko stöhnte.

»Warum komme ich nicht infrage?«, stöhnte er. So hatte ich sein Gesicht noch nie gesehen. Nichts von der nonchalanten Grausamkeit, mit der er mich verführt hatte, lag mehr darin, sondern ein Ausdruck, den ich an ihm nicht kannte.

»Nicht infrage?«, wiederholte ich, während ich mir die Bluse zuknöpfte.

»Obwohl ich dich die ganze Zeit haben wollte.«

Die Knöpfe waren geschlossen, und ich machte mich daran, mir die Strümpfe anzuziehen.

»Ich wollte mein Leben mit dir verbringen, Manami.«

»Du kannst mir viel erzählen«, sagte ich und zog den Reißverschluss von meinem Rock langsam hoch.

»Warum bin ich nicht imstande, jemanden richtig zu lieben?«

Weil du eben bist, wie du bist, hätte ich am liebsten gesagt, beherrschte mich jedoch. Er tat mir leid. Wie damals, als ich sein Gesicht im Schlaf betrachtet hatte. Armer Yukihiko. Aber war das meine Schuld?

»Irgendwann kommt jemand, den du lieben kannst«,

sagte ich zärtlicher, als ich das in Wirklichkeit wollte, und zog meinen Blazer an.

»Manami«, rief Yukihiko leise.

»Was ist denn?«, antwortete ich. Ich schaute auf die Uhr. Auffällig und betont.

»Gute Nacht, Manami«, flüsterte er.

»Gute Nacht, Yukihiko«, antwortete ich, mich ihm zuwendend.

Gleich darauf schloss ich die Tür hinter mir und trat ins Freie. Die frisch duftende Juniluft zog mir in die Nase. Armer Yukihiko, murmelte ich. Und ich Arme, wollte ich hinzufügen, aber ich tat es nicht. Denn ich war überhaupt kein bisschen arm. Stattdessen betete ich für ihn.

Da ich keine Übung darin hatte, für das Glück anderer Menschen zu beten, wusste ich nicht, wie ich das machen sollte, aber ich tat es so, wie ich es in einer Geschichte gelesen hatte, die ich aus meiner Kindheit kannte.

Zuerst schob ich meine linke Hand in die rechte Tasche. »Yukihiko möge glücklich sein«, sagte ich.

Gute Nacht, mein armer Yukihiko, flüsterte ich in Richtung seiner Wohnung, nachdem ich mein Ritual gewissenhaft beendet hatte. Laue Luft umschmeichelte mich.

Gute Nacht, Manami. Mir war, als hörte ich Yukihikos Stimme, aber das bildete ich mir nur ein. Langsam machte ich mich auf den Weg.

HERZKLOPFEN

Auch wenn ich den Gürtel meines Yukata noch so fest schnürte, lockerte er sich stets beim Gehen, sodass er vorne, wo er übereinandergeschlagen sein sollte, aufklaffte. Andauernd passierte mir das. Ungeschickt, sagte Yukihiko. Nenn mich nicht immer ungeschickt. Dennoch konnte er es nicht lassen. Sooft mein Yukata aufklaffte, legte Yukihiko von hinten beide Arme um mich. Und löste den Obi.

»Halt still. Ich binde ihn dir mal ordentlich«, sagte er. Ergeben wartete ich, während er die vorderen Schöße übereinanderlegte und mir den Obi wieder umlegte.

»Er war ganz verdreht.«

»Wirklich?«, fragte ich.

»Ja, du hast ihn doch selbst gebunden.«

»Ich dachte, ich hätte ihn richtig gebunden.«

»Hattest du nicht. Du hast eben zwei linke Hände.« Yukihiko legte seine Arme erneut um meine Taille, um den Gürtel zu binden. Mit einem angenehmen reibenden Geräusch zog er den Knoten fest.

»Danke, Chef«, sagte ich, und Yukihiko runzelte die Stirn. Eigentlich konnte ich das nicht sehen, da er hinter mir stand, aber er tat es ganz bestimmt.

»Ich bin nicht dein Chef.«

»Aber du bist so geschickt in allem«, erwiderte ich. Yukihiko kam um mich herum und sah mich an. Mit gerunzelter Stirn. Natürlich. Aber das tat seiner liebenswürdigen Miene keinen Abbruch. Die Geduld, mit der er meinen Obi band, seine nie versiegende Liebenswürdigkeit und Gewissenhaftigkeit waren Yukihikos hervorstechende Eigenschaften.

Frauen mochten ihn. Wenn ich ihn abends anrief, dauerte es immer ewig, bis ich ihn an den Apparat bekam. Ich musste es mindestens elfmal klingeln lassen. Beim zwölften Mal ging er dann endlich ran und meldete sich mit tiefer Stimme. Ansonsten war er den ganzen Abend damit beschäftigt, Anrufe von irgendwelchen Mädchen entgegenzunehmen.

»Jemand klopft an«, sagte er zu dem jeweiligen Mädchen am Telefon. »Mach's gut, es war nett, von dir zu hören.« Er musste immer zuvor ein Gespräch beenden, weshalb er erst beim zwölften Läuten auf meinen Anruf umschalten konnte. »Hallo«, sagte er dann mechanisch. Vermutlich in dem neutralen Allerweltston, in dem er mit all den Mädchen sprach, die ihn anriefen. Eine Stimme für alle Gelegenheiten – streiten, umgarnen oder Schluss machen.

Sobald er begriff, dass ich am Apparat war, wurde seine Stimme noch tiefer. »Ach, du bist's, Kanoko.« Er seufzte und kehrte sofort wieder zu seinem üblichen Ton zurück. »Und was gibt's Neues?«

»Ach, nichts Großartiges. Und bei dir, Yukihiko?«

»Alles gut«, antwortete er. Es war zu hören, dass jemand anklopfte, aber während unserer Gespräche nahm Yukihiko keine Anrufe entgegen.

Auch wenn sie noch so inhaltslos dahindümpelten.

»Wird Manami da nicht sauer?«, fragte ich ihn einmal.

Manami war Yukihikos Freundin. Sie war eine hübsche Frau, drei Jahre älter als er. »Wenn sie anruft und der Anrufbeantworter springt nicht an, du aber auch nicht abhebst, weiß sie doch, dass du mit jemandem redest.«

Yukihiko lachte.

»Manami ruft mich nie von sich aus an. Ich bin es, der sie anruft.«

»Sie ruft dich nie an?«

»Nein.«

Aha, murmelte ich und wechselte das Thema. Bei uns war immer ich diejenige, die Yukihiko anrief. Er meldete sich nie von sich aus. Auch als wir noch zusammen waren, hatte er stets gewartet, bis ich ihn anrief.

Yukihiko und ich hatten uns vor fünf Jahren getrennt, kurz nach meinem Uni-Examen. Ich war es, die Schluss gemacht hatte. Als ich ihm sagte, ich hätte mich neu verliebt, blickte er zu Boden, sah aber gleich wieder auf und sagte nur, da könne man eben nichts machen.

Ich hatte mir etwas mehr Widerstand erhofft und fühlte mich beinahe abserviert. Obwohl es dazu keinen Anlass gab, da ich ja selbst davon angefangen hatte.

Noch immer fragten ab und zu Bekannte, die uns zusammen sahen, ob er mein Freund sei, worauf ich stets missvergnügt und schroff erwiderte, er sei es nicht. Wahrscheinlich zu schroff. Wurde Yukihiko gefragt, antwortete er: »Das wäre schön.« Und lachte. Er hatte gut lachen.

Mit meinem ordentlich gebundenen Obi sah ich zu, wie Yukihiko die Tür von unserem Hotelzimmer abschloss. Er trug den adrett gestärkten hoteleigenen Yukata. Obwohl meiner sofort lappig wurde, blieb Yukihikos die ganze Zeit wie frisch gebügelt und neu.

Geistesabwesend stand ich im Flur. »Komm, gehen wir«, sagte er und wandte sich zu mir um, worauf ich zusammenfuhr und erstaunt zu ihm aufsah. Lachend schüttelte er den Kopf.

»Du hast überhaupt keine Fortschritte gemacht«, sagte er und nahm meine Hand.

»Stimmt ja gar nicht«, erwiderte ich, und Yukihiko lachte spöttisch, aber liebevoll.

»Komm jetzt«, sagte er und ließ meine Hand los. Es war schon ewig her, dass er meine Hand genommen hatte. Ich glaube, es war das erste Mal in den fünf Jahren seit unserer Trennung. Ich hatte es immer leicht gefunden, Yukihiko zu berühren, aber nun klopfte mein Herz wie wild.

Yukihiko und ich würden in diesem Ryōkan die Nacht verbringen. Ursprünglich hatte ich mit meinem Freund hier übernachten wollen, aber er hatte kurzfristig abgesagt. Ich fragte bei meinen Freundinnen herum, aber keine konnte. Sie waren verheiratet, trafen sich mit ihrem Freund oder mussten für eine Prüfung lernen. Spaßeshalber hatte ich Yukihiko angerufen.

Er hatte umstandslos zugesagt. Auf meine Frage, was denn mit Manami sei, hatte er gesagt, sie müsse am Wochenende arbeiten, und gelacht. Manami, seine schöne, drei Jahre ältere Geliebte, war zugleich Yukihikos Vorgesetzte. Sie sei die »Crème de la Crème«, sagte er immer.

Ich lauschte angestrengt, denn ich hätte gern gewusst, ob in seinem Lachen eine gewisse Enttäuschung mitschwang, weil er das Wochenende nicht mit Manami verbringen konnte, aber es war nichts zu merken. Er sprach mit seiner gewohnt freundlichen Allerweltsstimme.

Das Essen war vorzüglich. Ich trinke gern Sake und bevorzuge Gerichte, zu denen Sake passt, wie das Menü, das man uns im Ryōkan servierte. Es gab einen großen, großzügig mit Sashimi – von Meerbrasse und Thunfisch – belegten Teller. Außerdem Sashimi von der Wellhornschnecke, Pazifikhering in Vinaigrette und wilde Rotalgen, so viel das Herz begehrte.

»Das ist Thunfisch aus dem Herbstfang«, erklärte ich, aber Yukihiko nickte nur unbeeindruckt.

»In Ryōkans bereiten sie immer die gleichen Standardgerichte zu, deshalb sind sie so perfekt«, bemerkte er.

»Stimmt nicht. Da gibt es feine Unterschiede!«

»Mag sein«, murmelte er und griff sich ein Stück Omelette mit seinen Stäbchen. Yukihiko trank fast keinen Sake. Von Süßigkeiten wie Eiscreme, dunkler Schokolade, mit Bohnenmus gefülltem Gebäck konnte er nicht genug bekommen, aber welch unschlagbaren Genuss der erste Schluck von einem Bier bedeutete, konnte ich ihm nicht vermitteln. Mein Freund dagegen trank gern Alkohol. Ich hatte dieses Ryōkan ausgewählt, weil es für seine ausgezeichnete Küche bekannt war. Welche Art von Ryōkans Manami und Yukihiko wohl aufsuchten?

Manami war der Typ Frau, die vor allem zur Gesellschaft mittrank, aber eigentlich Desserts liebte. Als sie und Yukihiko noch frisch zusammen waren, ergab sich einmal die Gelegenheit, mit ihnen zu Abend zu essen. Obwohl ich mich im Nachhinein fragte, wie ich mich in eine so peinliche Situation hatte begeben können. Auf alle Fälle war es eine Dummheit von mir gewesen, mich mit einem ehemaligen Liebhaber und seiner neuen Freundin zu verabreden.

Manami verhielt sich von Anfang bis Ende höflich und gut gelaunt. Weder hielt sie mit Yukihiko Händchen unter dem Tisch, noch flüsterte sie ihm zu, sie sollten gehen. Wir verbrachten die Zeit in freundlichem Einvernehmen, bis ich in der dritten Kneipe meinen Aufbruch einleitete. Yukihiko, der Ginger Ale getrunken hatte, bemerkte, er könne nicht verstehen, wie ich imstande sei, solche Mengen von Flüssigkeit in mich hineinzuschütten. »Ich kann unendlich viel Sake trinken«, sagte ich und suchte Manamis Beistand, aber sie nickte nur unverbindlich. Sie widersprach weder Yukihiko noch mir, sondern nickte nur freundlich, ohne Partei zu ergreifen. Als ich in ihre feuchten Augen sah, fühlte ich mich an eine Kuh erinnert, und sie tat mir ein bisschen leid.

»Was finden Sie denn überhaupt an Yukihiko?«, fragte ich sie. Was ziemlich gemein von mir war. Ich weiß nicht genau, ob es an Manami, Yukihiko oder der ganzen Welt lag, aber ich fühlte mich überlegen und benahm mich entsprechend überheblich. Andere zu bemitleiden hat immer etwas Überhebliches.

»Tja.« Manami zuckte mit den Schultern.

»Hör auf zu stänkern«, schaltete Yukihiko sich ein, aber ich hörte nicht auf ihn.

»Manami könnte ganz bestimmt einen Besseren finden als dich«, fuhr ich fort.

Manami überlegte ernsthaft, bevor sie antwortete.

»Es geht mir nicht um Yukihikos gute oder schlechte Eigenschaften.«

»Ach?«, sagte ich überrascht.

»Ganz gleich, was er für ein Mensch ist, ich liebe ihn.«

Manami lächelte. Es war ein schönes Lächeln. Ich musste mich geschlagen geben. Wie konnte diese Frau nur so vollkommen sein? So diskret? So genau die richtigen Worte finden? Ohne überheblich zu klingen.

Seither bemühte ich mich, Manami zu hassen. Aber ich konnte es nicht. Sie war einfach zu vernünftig und bescheiden, als dass man sie hätte hassen können. Außerdem gestattete mein Stolz es mir nicht, Yukihikos Geliebte zu hassen. Mein Stolz. Aber Stolz worauf?

Nach dem Essen gingen Yukihiko und ich an den Strand. Wir zogen Jacken über unsere Yukata. Auch wenn es in diesem am Pazifik gelegenen Ort wärmer war als in Tokio, strich uns ein kühler Abendwind übers Gesicht. Auf dem offenen Meer waren die Lichter von Fischerbooten zu sehen.

»Sie sind wohl auf Krakenfang.«

»Wahrscheinlich«, antwortete Yukihiko in abwesendem Ton.

Seit unserer Trennung hatten die Mädchen ihn nur so umschwärmt. Aber wenn ich ihn damit aufzog und sagte, er hätte es raus, wehrte Yukihiko stets ab. Das sei nicht sein Verdienst. Die Mädchen seien eben einsam. Quatsch, hätte ich ihn am liebsten angeschrien. Du bist doch kein Guru von irgendeiner Sekte. Aber ich konnte Yukihiko nicht anschreien. Was mich nicht daran hinderte, ihn dauernd anzurufen. Ich hatte zwar einen festen Freund, war beruflich ziemlich eingespannt und hatte eine ganze Menge anderer Freunde, aber abends rief ich Yukihiko an.

»Es gibt Kraken, die leuchten, oder?«, sagte Yukihiko.

»Meinst du Leuchtkalamare?«

»Ja, genau, wie Leuchtkäfer.«

»Irgendwann habe ich mal einen gegessen«, sagte ich. »Ganz frisch, noch lebend.«

Die Brise wehte einen Duft zu mir herüber. Yukihiko roch nach Seife.

»Klingt lecker.«

»Gerade war er noch vor meiner Nase herumgeschwommen, dann habe ich ihn auch schon verspeist.«

»Hat sicher gut geschmeckt.«

»Köstlich!«

»Nichts für mich«, sagte Yukihiko.

»Warum denn nicht?«, fragte ich.

»Ist eben so«, wiederholte Yukihiko.

»Wirst du jetzt sentimental?«, fragte ich.

»Vielleicht«, sagte Yukihiko mit tiefer, weicher Stimme. Wieder wehte mich der Seifenduft an.

Plötzlich überkam mich das Verlangen, Yukihiko zu berühren. Seine schlanken, anmutigen Finger. Seine warmen Handflächen. Am Ufer des abendlichen Meeres streckte ich sacht meine Hand nach ihm aus. Gerade als ich ihn berühren wollte, fuhr Yukihiko fort:

»Du hast dich überhaupt nicht verändert, Kanoko, oder? Noch immer erzählst du völlig ungerührt die grausamsten Dinge.«

Langsam kam die Flut herein. Yukihiko und ich setzten uns nebeneinander auf ein Stück Treibholz.

Durch die dünne Baumwolle meines Yukata spürte ich die Wärme, die es in der Mittagssonne gespeichert hatte.

Ein kleiner Krebs lief an meinen Füßen in den hoteleigenen Schlappen vorbei.

Auf der zweispurigen Küstenstraße donnerten hin und wieder Lastwagen vorbei. Die Straßenbeleuchtung erhellte den Strand bis zu uns, erreichte aber nicht den Saum der Wellen, die im Halbdunkel an den Strand schlugen.

Im schwachen Licht betrachtete ich Yukihikos Profil. Seine Wangen waren scharf gezeichnet. Seine Haut war nicht mehr so glatt wie mit zwanzig. Auch sein Bartwuchs war dichter geworden. Ich dachte an das Wort, mit dem Yukihiko mich gerade bezeichnet hatte. Grausam? War ich grausam?

Ich konnte mich kaum an die Zeit erinnern, in der Yukihiko und ich ein Paar gewesen waren. Damals hatte ich so gut wie überhaupt nichts gedacht. Ich hatte es ganz selbstverständlich hingenommen, dass Yukihiko mich liebte, mit mir schlafen und mich glücklich machen wollte. Ich kam überhaupt nicht auf die Idee, dass dies geradezu an ein Wunder grenzte.

Ich liebte Yukihiko. Liebte meinen Vater. Meine schwarze Katze Kuro. Das neugeborene Baby der Nachbarn. Den Duft frisch gewaschener Wäsche an einem sonnigen Tag. Ich liebte es, an Regentagen in der Schule zu fehlen. All das liebte ich in gleichem Maß wie Yukihiko. Ich war außerstande, mich zu erinnern, warum ich mich in einen anderen Mann verliebt hatte. In einen Mann, der nicht Yukihiko war.

»Kanoko, du bist wie die Vögel am Himmel, nicht?«, hatte Yukihiko eines Tages zu mir gesagt. Da waren seit unserer Trennung etwa drei Monate vergangen.

Auch direkt danach waren wir, wie jetzt auch, »gute Freunde« geblieben.

»Wie meinst du das?«, fragte ich.

»Die Vögel sind doch vom Wind abhängig. Wenn der Wind von Süden kommt, segeln sie mit ihm nach Norden. Kommt er aber vom Norden, segeln sie zurück gen Süden. Sobald der Wind sich dreht, vergessen sie den Tag davor und fliegen fröhlich zwitschernd, wohin er sie trägt«, erklärte Yukihiko mir schmunzelnd.

»Aber ich bin doch kein Vogel«, erwiderte ich einigermaßen perplex. Yukihiko tat so, als wäre ich ein hirnloses Vöglein, das glücklich, ohne nachzudenken, von hier nach da flatterte.

»Doch, das bist du, Kanoko. Auch als wir zusammen waren, warst du so«, sagte Yukihiko mit einem Blick auf meinen Pony.

Ich hasste meine Stirn und trug damals immer eine Ponyfrisur. Während unserer Beziehung versuchte Yukihiko ständig, mir die Haare aus der Stirn zu streichen, und zog mich mit meiner »komischen Vorderfront« auf. Um ihm auszuweichen, drängte ich mich unter ihn, und mitunter kam es bei so einer Rangelei dazu, dass wir miteinander schliefen.

Yukihiko schickte sich an, meine Stirnfransen zu berühren, was er in den drei Monaten unserer Trennung natürlich nicht getan hatte. Yukihikos Finger. Beinahe unbewusst näherte ich ihnen mein Gesicht. Auch Yukihikos Finger bewegten sich wie magisch angezogen auf meine Stirn zu.

»Oh!«, entfuhr es uns beiden. Sofort zog er seine Hand zurück. Nach kurzem Schweigen brachen wir gleichzeitig in

Gelächter aus. Seins war freimütig und großherzig, meins etwas verkrampft.

»Selbst Vögel kennen Kummer und Schmerz. Mehr als mancher meint«, sagte ich mit meinem verkrampften Lachen, und Yukihiko nickte.

»Mein Vögelchen Kanoko, zwitschere immer dein munteres Lied für mich«, sagte er.

Seine Ausdrucksweise reizte mich. Er nahm sich ganz schön viel heraus. Obwohl das eigentlich mir zugestanden hätte, schließlich war ich diejenige gewesen, die mit ihm Schluss gemacht hatte. Aber nun war ich die Verkrampfte, während er sich tadellos großzügig und cool verhielt.

Mit dem jungen Mann, der die Ursache meiner Trennung von Yukihiko gewesen war, machte ich binnen kurzem Schluss. Soweit ich mich erinnere, schon nach einem halben Jahr. Aber natürlich kam ich nicht wieder mit Yukihiko zusammen. Dennoch blieben wir »Freunde« und trafen uns hin und wieder zu einem Kaffee. Manchmal rief ich ihn auch an. Ungeachtet unserer Trennung war unsere Beziehung freundschaftlich. Ja, Yukihiko und ich waren gute Freunde. Damit war ich völlig zufrieden. Oder hätte es sein sollen.

»Warum bist du eigentlich mitgekommen, Yukihiko?«, fragte ich. Die Flut kam herein. Über Nacht würde das Wasser immer höher steigen und die Luft mit seiner Dichte erfüllen.

»Tja, warum?«, erwiderte Yukihiko nachdenklich.

Ich lehnte meinen Kopf an seine Schulter, aber er legte nicht den Arm um mich. Also schlang ich ihm meinen Arm um die Hüfte.

»Lass das, mir ist heiß«, sagte er.

»Das geht schon.«

»Bist du eigentlich glücklich, Kanoko?«, fragte Yukihiko mich auf einmal. Wirklich wie einer von einer Sekte.

»Lass uns aufs Zimmer gehen und Sex haben«, sagte ich, seine Frage ignorierend.

»Kommt nicht infrage«, sagte er. Noch immer machte er nichts mit seinen Armen.

»Aber warum bist du dann überhaupt mitgekommen?«

»Bist du jetzt zum Sexdämon mutiert?«

»Du kannst mich mal.«

Meine Augen hatten sich inzwischen an die Dunkelheit gewöhnt, und ich konnte erkennen, wie das Meer sich bewegte. Seine glatte Fläche. Weich glitt es immer weiter den Strand hinauf.

Yukihiko legte mir den Arm um die Schultern. Zuerst sanft, dann umfasste er mich stärker. Auf einmal erinnerte ich mich, wie es war, wenn er mich damals in die Arme genommen hatte, und auch wie wir uns geliebt hatten. Ganz deutlich. Dabei wurde mir klar, dass ich diese Dinge in Wirklichkeit keinesfalls vergessen hatte.

»Yukihiko«, sagte ich leise. Es war Jahre her, dass ich ihn in diesem Ton angesprochen hatte.

»Kanoko«, sagte Yukihiko mit dunkler Stimme.

Wir hielten einander lange umarmt. Bis die Wellen unsere Füße erreichten.

Seine Lippen berührten sacht meine Stirn. Auch ich küsste ihn leicht auf den Hals.

»Es ist tiefe Nacht, nicht?«

»Ja.«

»Ich liebe dich, Yukihiko.«

»Auch ich werde dich immer lieben, Kanoko.«

»So meine ich das nicht.«

»Es geht nicht«, sagte Yukihiko, mich weiter in den Armen haltend.

»Wieso nicht?«

»Es ist vorbei.«

»Ach …«, sagte ich wie eine Närrin.

»Das ist es doch?«, fragte Yukihiko in warmem Ton.

»Ja, vorbei«, wiederholte ich wie ein Idiot.

»Es ist vorbei«, wiederholte auch Yukihiko.

Mein Kopf fühlte sich leer an.

Er hat recht, dachte ich. Wir waren einander nicht fern, aber auch nicht nah.

Ich war hier, und er war auch hier, aber das war auch alles.

Mehr war da nicht. Zeit war vergangen, hier und anderswo, und wir hatten uns getrennt, in Hier und Dort.

Die Zeit war doch ein unsinniges Phänomen. Vollkommen absurd. Ein Gefühl von Ohnmacht überwältigte mich.

Auch Yukihiko und ich waren unsinnig. So wie alle Menschen. Ruckartig zog ich den Arm zurück, den ich um seine Hüfte gelegt hatte.

»Warum kriegen wir überhaupt nichts hin, obwohl wir uns lieben«, fragte ich, obwohl ich wusste, dass es zwecklos war, diese Frage zu stellen.

»Weil ich unfähig bin«, antwortete Yukihiko ruhig.

»Unfähig?«

Eine Weile schwieg er.

»Ich habe dich wirklich geliebt, Kanoko«, sagte er dann.

Das Meer umspülte inzwischen unsere Füße. Wie lange

der angetriebene Baumstamm, auf dem wir saßen, wohl schon hier lag, ohne dass die Wellen ihn bei einem Sturm mit sich gerissen hatten?

Yukihiko und ich saßen reglos im Dunkeln, als hätten auch wir schon immer hier gesessen. Sein ganzer Körper übermittelte mir seinen Pulsschlag. Hatte der kleine Krebs in sein Loch zurückgefunden?

»Yukihiko, mir ist kalt.«

»Lass uns noch einen Moment hierbleiben.«

»Nein, komm, wir gehen zurück«, sagte ich matt. Mein Kopf fühlte sich noch immer leer an.

»Wirklich?«

»Ich gehe auch sofort ganz brav schlafen.«

Yukihiko lachte. Und strich mir über den Kopf. Yuki, flüsterte ich. In meinem Herzen.

»Lass uns noch einen Moment bleiben, ja?«, sagte er.

Ich nickte.

»Die Lichter auf dem Meer sind hübsch«, sagte ich tonlos.

»Ja, sehr hübsch, nicht?«, wiederholte Yukihiko.

»Es wäre schön, wenn das Meer einfach immer weiter steigen würde.«

Wenn es unaufhaltsam steigen würde, und wir darin versinken und kleine Krebse werden könnten. Ohne uns zu kennen, würden wir bei Ebbe aus unseren Löchern kommen und bei Flut dorthin zurückkehren.

Yukihikos Pulsschlag ging durch mich hindurch.

»Yuki«, sagte ich und versuchte, die ganze Zuneigung, die ich empfand, in diesen Namen zu legen.

»Ja?«

»Yuki«, wiederholte ich, diesmal möglichst ruhig. Ohne etwas hineinzulegen.

»Ja?«

Unser beider Präsenz erfüllte sacht, ganz sacht immer mehr den nächtlichen Ozean.

Yuki, sagte ich wieder. Lautlos.

Yuki. Wie traurig, dass wir nicht mehr zurückkönnen. Yuki. Wie traurig, dass die Zeit vergeht. Yuki. Wir waren so dumm, stimmt's?

Hin und wieder wurden die Wellen lauter. Unaufhörlich stieg die Flut. Und wir saßen mit klopfenden Herzen in der Nacht.

IM KÖNIGREICH DES SPÄTSOMMERS

Es war Sommer.

Mit dem würde ich gern Sex haben, dachte ich.

So war es immer. Wenn ich einen »Jungen« sah (so nannte ich alle Männer, mit denen ich schlafen wollte, ganz gleich wie alt sie waren), dachte ich anfangs eigentlich nie: »Der würde mir gefallen« oder so etwas. Stattdessen stellte ich mir vor, wie er den Arm um meinen Hals legte oder wie wir ein frisch gebackenes heißes Brot in zwei Teile teilten und auf der Stelle verzehrten, wie ich ihm die Finger in den Mund steckte oder solche sehr konkreten Sachen.

Mit Nishino wollte ich, offen gesagt, gleich schlafen.

»Komm«, sagte ich. »Wir machen es.«

»Wo?«, fragte er zurück. Donnerwetter, dachte ich, der fragt nicht viel. Ich erkundigte mich, ob er allein lebte. Ja, erwiderte er, seit er studiere. Also seit etwa zehn Jahren.

Bevor wir in seine Wohnung gingen, kaufte ich in einem Convenience Store eine Zahnbürste und eine Unterhose. Nachdem ich bezahlt hatte, trat ich neben Nishino, der in einer Zeitschrift las. Er lächelte.

»Bleibst du über Nacht?«, fragte er.

»Wenn's geht. Wenn nicht, dann nicht.«

»Aha. Aber dann hättest du die Zahnbürste und die Unterhose ja umsonst gekauft.«

»Ich kann sie mit nach Hause nehmen«, erwiderte ich. »Ich kann eine Zahnbürste sowieso nur eine Woche benutzen. Weil ich immer so stark aufdrücke.«

Er habe gehört, man könne eine Zahnbürste benutzen, bis sie kaputt sei, meinte Nishino. Er lachte und setzte sich in Bewegung. Und die Unterhose? Wirfst du die auch gleich weg, Frau Sunaga?, fragte er und nahm meine Hand.

»Du kannst mich Reiko nennen«, antwortete ich und drückte kurz seine Hand.

Reiko. Die kleine Reiko. Rei, murmelte er, wie um sich zu vergewissern. Rei gefällt mir am besten. Das klingt gut und passt zu deinem Aussehen. Nishino strich mir über den Kopf. Ich habe sehr starkes Haar mit einem Wirbel am Hinterkopf, weshalb ich mir gern einen Schnitt à la Jean Seberg in *Bonjour Tristesse* verpassen ließ.

»Ich mag deinen Nacken«, sagte Nishino. Er beschleunigte seinen Schritt. Sein ganzer Körper strahlte freudige Erwartung aus. Auch ich war außer mir vor Freude. Nichts wie ins Bett, dachte ich, während ich eilig hinter ihm hertrippelte. Unsere Hälse troffen vor Schweiß.

»O nein«, sagte Nishino.

Im Anzug wirkte er sehr seriös. Sicherlich arbeitete er in einer guten Firma und war gesellschaftlich anerkannt. Das beeindruckte mich. Und weil ich so beeindruckt war, umarmte ich ihn halbnackt in der Diele. Am nächsten Morgen.

»Ich glaube, ich habe ihn verloren.« Nishino machte sich sacht von mir los.

»Was denn?«, fragte ich.

»Den Schlüssel.«

»Welchen Schlüssel?«

Nishino antwortete nicht. Gebückt tastete er mit den Händen im Flur herum.

»Den von meiner früheren Freundin«, sagte er, nachdem er eine Weile gesucht hatte.

»Deiner früheren Freundin?«, fragte ich.

»Ja, die, von der ich mich jetzt trenne.«

Er trennte sich? »Das ist ja seltsam«, murmelte ich.

Nishino suchte kopfschüttelnd weiter. »Wenn ich mich von ihr trenne, muss ich ihr doch den Schlüssel zurückgeben. Das gehört sich so.«

Das gehört sich so. Die Formulierung gemahnte mich daran, dass Nishino ja »gesellschaftlich anerkannt« war.

»Ich helfe dir suchen. Es ist ein ganz normaler Schlüssel, nicht? So ein silberner?«, fragte ich. Sogleich erhob er sich. »Das wäre sehr nett von dir«, sagte er, riss die Tür auf und stürzte in den Hausflur hinaus.

Als er weg war, setzte ich mich in die Diele und rief mir seinen Körper ins Gedächtnis. Der Sex mit Nishino war ziemlich gut gewesen. Nicht überragend, aber ziemlich gut.

»Er gibt sich Wunder wie cool, aber anstrengen tut er sich doch«, murmelte ich. Genau. Nishino war mir sympathisch. Bei all seiner kühlen Gelassenheit war er unerwartet fleißig und bemüht.

Ich fand den Schlüssel, hübsch war er und silbrig glänzend. Er sah aus wie neu. Wahrscheinlich hatte er ihn nicht oft benutzt. Ich versuchte mir vorzustellen, welche Art von Mädchen zu Nishino passte. Haare. Gesicht. Körpergröße. Sprechweise. Haltung. Charakter. Über all das dachte ich nach.

Das war eine Manie von mir. Es lag nicht daran, dass ich in Nishino verliebt war. Eher war es eine Art Berufskrankheit. Ich verdiente meinen Lebensunterhalt damit, Geschichten zu schreiben, die weder für Kinder noch für Erwachsene waren. Sie verkauften sich nicht sehr gut, aber für mich allein reichte es.

Nachdem ich mein Bild von »dem Mädchen, das zu Nishino passt«, vollendet hatte, legte ich den Schlüssel auf den Esstisch und kuschelte mich wieder in sein Bett. Ich blätterte in dem Roman *Ausgestoßen* von Tōson Shimazaki, den ich mir zuvor aus seinem Bücherregal genommen hatte. Außerdem besaß er *Das Schwangerschaftstagebuch* von Minako Saitō, *Garp und wie er die Welt sah* von John Irving und eine ganze Anzahl neuerer Publikationen zu Business-Themen. Er war irgendwie schwierig einzuordnen, dachte ich, während ich ein paar Passagen von *Ausgestoßen* überflog.

Dabei wurde ich ziemlich müde. In Nishinos Bett, das noch von der Nacht nach uns roch, glitt ich, *Ausgestoßen* in einer Hand, in einen leichten Schlummer.

Erst nach elf Uhr abends kam Nishino aus dem Büro. Als er sah, dass ich vor meinem aufgeklappten Notebook am Esstisch saß, machte er ein erstauntes Gesicht, aber das dauerte nicht lange. So leicht war er nicht aus der Ruhe zu bringen. Er schien sich weder zu wundern noch zu freuen, dass ich noch hier war.

»Hallo, da bist du ja wieder«, sagte ich.

»Ah«, antwortete er. Ich fragte ihn, was das heißen sollte.

»Tja, was soll ich sagen?« Er wirkte ratlos.

»Vielleicht ist es dir lästig, zu Hause ein Mädchen vorzufinden, mit dem du nur einmal geschlafen hast.«

»Ah.«

»Deshalb reicht ›ah‹ nicht.«

»Ah.« Nishino schien jetzt wirklich am Ende seiner Weisheit. Vermutlich war er müde. Kein Wunder. Müsste ich vor acht aus dem Haus und bis elf Uhr abends arbeiten, ich wäre tagelang platt.

»Sag mir ehrlich, wenn ich dich störe.« Ich schaltete den Laptop aus und klappte ihn zu. Die Gardine blähte sich in der Brise. Um diese Zeit kühlte es leicht ab, dennoch war im Sommer die Luft in Tokio auch nachts noch feucht und schwer.

»Sollen wir die Klimaanlage einschalten?«, fragte ich.

»Ah«, erwiderte Nishino im selben Ton. Nachdem ich das Fenster geschlossen und die Vorhänge ganz zugezogen hatte, schaltete ich die Klimaanlage ein. Sofort begann es zu rauschen.

Den Blick ins Leere gerichtet, löste Nishino mit einer Hand seine Krawatte, zog sein Hemd aus, hängte seine Hose ordentlich auf einen Bügel und ging ins Bad. Wie ein Automat, dachte ich.

»Wollen wir zusammen baden?«, fragte ich, worauf er unverbindlich nickte.

»Oder ist es dir lästig?«, fragte ich, weil er so abwesend wirkte.

»Lästig nicht gerade.«

»Was dann?«

»Rei, du bist wie ein kleines Tier.«

Ich?, dachte ich. Aus meiner Sicht wirkte eher Nishino

wie ein Tier. Als Mensch sollte man ein menschlicheres Verhalten und klarere Absichten an den Tag legen. So hätte ich es mir gewünscht. Nishino schaltete den Boiler an. Bevor er das heiße Wasser einlaufen ließ, schrubbte er die Wanne sorgfältig mit einem Schwamm.

»Rei, du gehst zuerst«, sagte Nishino, während er sich in Unterwäsche auf dem Sofa zurücklehnte.

»Lass uns doch zusammen baden. Ich kann dir den Rücken schrubben und die Fußsohlen massieren«, sagte ich, worauf Nishino unbehaglich lächelte.

»Die Wanne ist ziemlich eng, allein wäre es sicher bequemer für dich, Rei«, sagte er.

»Aber allein ist es öde«, erwiderte ich. »Ich war schon den ganzen Tag allein. Jetzt, wo wir endlich zu zweit sind, können wir doch zusammen baden.«

»Nein, ich möchte lieber allein«, sagte Nishino verlegen.

»Sag's doch gleich.«

»Ja.«

»Es macht das Leben leichter, wenn man sagt, was man denkt.«

»Wie du, Rei?«

»Genau.« Ich öffnete die Tür zum Badezimmer. Natürlich kann niemand immer sagen, was er denkt, aber warum zögerten die Leute, auch nur ein Zehntausendstel von dem zu sagen, was sie dachten? Oder wenigstens ein Zwanzigtausendstel. Das war doch kein Verbrechen.

Ich ließ mich ins heiße Wasser gleiten. Anschließend wusch ich mir ohne große Begeisterung Körper und Haare, stieg noch einmal in die Badewanne und beeilte mich dann, aus dem Bad zu kommen.

»Du bist aber schnell«, wunderte sich Nishino mit einem Blick auf mich. »Ich dachte, Mädchen bleiben immer lange im Bad.«

»Ich bade nicht besonders gern.«

»Aha«, murmelte er unverbindlich. »Wie alt bist du eigentlich, Rei? Ungefähr dreißig, wie ich?«, fragte er weiter in diesem verwaschenen Ton.

»Ich bin älter als du.«

»Aha«, sagte er, ohne der Frage weiter nachzugehen. Er hätte ruhig genauer nachfragen können. Interessierte er sich nicht dafür? Oder dachte er, die Frage nach dem Alter sei bei allen Frauen ein wunder Punkt?«

»Darf ich mir ein Bier nehmen?«, fragte ich.

»Na klar.«

»Trinken wir eins zusammen?«

»Ja.« Sein »Ja« klang etwas kraftvoller als vorher. Es war das erste Mal, dass er, seit er nach Hause gekommen war, eine Antwort gab, aus der eine Absicht zu erkennen war.

»Geh schnell ins Bad. Ich warte solange.« Ich nahm das Handtuch ab, das ich mir um den Kopf gewickelt hatte, und schwenkte es wie eine Fahne. Nishino zog die Unterwäsche aus und ging ins Bad, wo er einen vernehmlichen Seufzer der Erleichterung ausstieß. Die Badezimmertür klappte zu.

Er badete lange. Das Bier wurde langsam warm, also stellte ich die Dosen wieder in den Kühlschrank. Ich streckte mich schräg auf dem Sofa aus und schlief kurz ein. Unversehens hatte Nishino mir das Handtuch weggezogen und lag tropfnass auf mir. Verblüfft riss ich die Augen auf. »Treten Sie näher«, sagte ich, und er lachte.

Wir hatten kurz Sex. Er war nicht hervorragend, aber gerade richtig. Anschließend tranken wir, wie ausgemacht, zusammen ein Bier. Die Dosen waren wieder schön kalt und beschlagen. Ich nahm einen Zug. Nishino wandte den Blick nicht von mir, als ich es mir die Kehle hinunterlaufen ließ.

»Bleibst du heute Nacht auch hier, Rei«, fragte er.

»Soll ich? Ich könnte. Ich habe keinen Abgabetermin«, sagte ich. Nishino nickte. Und zauste mir den Wirbel.

Fünf Tage blieb ich in Nishinos Wohnung. Bis Freitag. An diesem Tag trafen per Fax meine Aufträge ein, also packte ich, nachdem ich Nishino verabschiedet hatte, meine Sachen (die dreimal gewaschene Unterhose, die mittlerweile ziemlich abgenutzte Zahnbürste und das Notebook, das mein ständiger Begleiter war) und schloss die Wohnungstür hinter mir ab. Den Schlüssel warf ich durch den Schlitz für die Zeitschriften und machte mich auf den Heimweg.

Als ich schließlich wieder in der Straßenbahn saß, rückte Nishinos Wohnung sofort in eine ferne Vergangenheit. Obwohl an Ort und Stelle alles so deutlich gewesen war. Sein Körper, sein Blick, seine Worte. Doch kaum hatte ich sie verlassen, entfernte sich alles.

Grillen zirpten. Wo Nishino wohnte, gab es so gut wie keine. Seine Fenster hatte ich gar nicht mehr geöffnet, weil doch nur die aufgeheizte Luft aus den Klimaanlagen der anderen Häuser in die Wohnung zog. Obwohl ich klimatisierte Luft verabscheute, hatte ich bei Nishino die Anlage ständig laufen lassen.

Als ich nach Hause kam, zog ich sofort die Gardinen zurück und öffnete die Fenster, um den Grillen zu lauschen. Zwei Faxe waren eingegangen. Eine Anfrage wegen der Besprechung eines Kinderbuchs und ein Fragebogen von einer Lebensversicherung.

Beunruhigt Sie der Gedanke an Ihre Altersversorgung?

Welche Vorstellung haben Sie von Ihrer Zukunft?

Solche und ähnliche Fragen wurden darin gestellt. Tja, die Zukunft, murmelte ich, knüllte das Fax zusammen und warf es in den Papierkorb.

Ich bestätigte die Anfrage nach der Besprechung per Fax, las das Material für den Text, den ich nächste Woche abgeben sollte, aß ein spätes Mittagessen und legte mich hin. Kaum hatte ich mich auf der Binsenmatte ausgestreckt, die ich im Sommer gern auf dem Boden ausbreitete, war ich auch schon eingeschlafen.

Als ich aufwachte, ging die Sonne bereits unter. Ich war voller Energie. Während ich überlegte, ob ich jemanden anrufen sollte, um mich zu verabreden, klingelte das Telefon.

»Rei, bist du's?«

Einen Moment lang wusste ich nicht, wer dran war. »Ja«, sagte ich nur.

»Da bin ich aber froh.«

»Wer sollte es sonst sein? Ich wohne hier.«

Der Anrufer lachte. Jetzt erkannte ich, dass es Nishino war.

»Geht es dir gut?«, fragte ich.

»Ich war überrascht, dass du nicht mehr da warst, als ich nach Hause kam.«

»Ich muss arbeiten«, sagte ich.

Nishino lachte erneut. »Was für eine schlechte Welt. Sogar Tiere müssen arbeiten.«

»Es ist so heiß, wollen wir auf ein Bier gehen?«, schlug ich vor. Weil ich so lange bei Nishino gewesen war, hätte ich mich gern mit jemand anderem getroffen, aber da er nun einmal angerufen hatte, gehörte es sich, ihn zu fragen.

»Einverstanden«, sagte er, ebenfalls wie es sich gehörte. Höflichkeit gegen Höflichkeit. Der Gedanke, dass Nishino mit allen Mädchen so redete, belustigte mich. Er sah zwar cool aus, entpuppte sich aber unerwartet als Streber.

»Welches Bild ruft übrigens das Wort Zukunft bei dir hervor?«, fragte ich.

»Wie kommst du plötzlich auf so was?«

»Also – Zukunft.«

Hm, brummte Nishino. Wahrscheinlich nahm er die Frage persönlich. Und dachte an Heirat, Familie oder sonst etwas Verbindliches.

»Ich zum Beispiel sehe eine Festungsmauer«, sagte ich, da er nicht antwortete.

»Eine Mauer?«

»Ja, von einem Königreich.«

»Was für ein Königreich?«

»Wo es immer Sommer ist, die Grillen niemals aufhören zu zirpen und ein weiser alter König herrscht.«

»Das ist dein Bild, wenn du an das Wort Zukunft denkst?« Ich spürte seine Betroffenheit durchs Telefon.

»Ja.«

»Aber was hast du denn mit dem alten König und den Grillen zu tun, Rei?«

»Wärest du nicht glücklich, in einem solchen Reich zu leben?«, fragte ich, worauf Nishino einen Seufzer ausstieß.

»Keine Ahnung. Ehe, Kinder, Rente und so was kommen wohl in deiner Zukunft nicht vor?«

»Nein, tun sie nicht. Nicht einmal, wenn ich mich auf den Kopf stelle«, erwiderte ich, denn dessen war ich ganz sicher. »Wollen wir jetzt ein Bier trinken gehen?« Merklich erleichtert stimmte er zu.

Ich mag ihn, diesen Nishino, dachte ich, während ich mich fertig machte. Auch wenn ich nicht rasend in ihn verliebt bin. Aber nächste Woche, sobald ich mein Manuskript abgegeben hätte, wollte ich einen anderen Mann kennenlernen, dachte ich, während ich in meine Sandalen schlüpfte.

Er habe seiner »Ex-Freundin« ihren Schlüssel »ordnungsgemäß« zurückerstattet, erklärte Nishino unvermittelt im Laufe unserer Unterhaltung.

Allerdings wusste ich, dass die Bemerkung so unvermittelt gar nicht war. Er wollte mir damit etwas zu verstehen geben. Das ärgerte mich. Wenn er in mich verliebt war, warum sagte er es dann nicht? Dass er seiner früheren Freundin ihren Schlüssel zurückgegeben hatte, zählte für mich weder als Zeichen noch als Metapher.

»Hast du viel Arbeit im Moment?«, fragte ich nüchtern. Ich hatte plötzlich das Interesse an ihm verloren.

»Ach, es geht«, antwortete er ungezwungen. Ich beschloss, nach dem ersten Bier zu gehen.

»Du meine Güte!«, rief ich. »Jetzt habe ich einen Abgabetermin vergessen.«

Nie bekam ich so viele Aufträge, dass ich einen hätte vergessen können.

»Ach so? Na dann.« Nishino sah mich mit einem Lächeln an, das alles heißen konnte. »Was hast du denn für eine Wohnung, Rei?«

»Nichts Aufregendes. Ein Tatami-Zimmer und eins mit Parkettboden. Beide sind voller Bücherregale. Außerdem habe ich noch einen kleinen Fernseher, einen Kühlschrank und ein Faxgerät.«

»Das klingt ganz nach dir, Rei.« Nishino lächelte. Er hatte ein attraktives Lächeln. Es war rein, auch ein bisschen überschattet und niemals anzüglich. Warum hatte ich mit diesem Jungen geschlafen, der jedem Mädchen gefiel? Ich bereute es.

»Dann geh ich jetzt mal.« Ich trank mein Bier aus und stand auf.

Nishino wirkte einen Moment lang perplex, gewann jedoch sofort die Fassung zurück. Andernfalls hätte ich mich vielleicht weiter für ihn interessiert. Ich winkte ihm kurz zu, drückte ihm einen Fünftausend-Yen-Schein in die Hand und marschierte zum Ausgang.

Auf dem Weg zum Bahnhof atmete ich mehrmals tief durch. Wenig später hatte ich ihn vergessen.

»Könnte es sein, dass du dir nicht besonders viel aus mir machst, Rei?«, fragte Nishino.

Es war das erste Mal seit etwa drei Wochen, dass ich mit ihm sprach. Ich hatte außergewöhnlich viele Aufträge bekommen und nach Kansai fahren müssen, um zu recherchieren. Als er am Sonntagabend anrief, war ich gerade erst nach Hause gekommen und wollte möglichst rasch das Makrelensushi verspeisen, das ich mir ausnahmsweise geleistet hatte. Ich hatte hastig meine Sachen ausgepackt und war dabei, mir allein und stillvergnügt Sake aufzuwärmen.

Nishinos Anruf, bei dem er sagte, er wolle mich sehen,

kam just in dem Augenblick, als mein Sake die richtige Temperatur erreicht hatte.

»Irgendwann nächste Woche ginge«, antwortete ich halbherzig, denn ich wollte meinen Sake trinken.

»Könntest du nicht heute?«, beharrte Nishino.

»Ist es dringend?«, fragte ich gehetzt.

»Nein, nicht besonders, aber wir haben uns so lange nicht gesehen. Das ist irgendwie öde«, sagte Nishino. »Ich würde dich gern treffen. Und mit dir reden. Auch wenn du mich vielleicht gar nicht so sehr magst. Das macht nichts«, fuhr er fort.

Du meine Güte, dachte ich. Nishino nahm wirklich kein Blatt vor den Mund.

Was sonst gar nicht seine Art war. Plötzlich erwachte mein bereits eingeschlafenes Interesse an ihm zu neuem Leben.

»Rei, du fehlst mir heute irgendwie sehr«, sagte Nishino.

»Aber du hast massenhaft Freundinnen und Geliebte. Mädchen sind doch deine Stärke.«

Nishino räusperte sich und schluckte geräuschvoll. »Warum sagst du so was?«

»Weil es stimmt. Oder etwa nicht?«

»Ja, vielleicht bin ich wirklich so etwas wie ein Schürzenjäger. Aber woher weißt du das überhaupt? Ich habe dir doch nie ein Wort von meinen Liebesaffären und meinem Sexualleben erzählt.«

Ich musste lachen. »Man braucht sich nur ein bisschen mit dir zu unterhalten oder mit dir zu schlafen, um das zu erraten.«

Jetzt musste auch Nishino auf seiner Seite der Leitung

lachen. Es war das heiterste Lachen, das ich bisher von ihm gehört hatte.

Er ist gar nicht so übel, dachte ich. Er ist sogar ganz nett.

»Hör mal«, sagte ich. »Ich habe Makrelensushi aus Kyoto mitgebracht. Zu fünftausend Yen! Lass uns zusammen essen«, schlug ich spontan vor. »Aber wenn du noch etwas abhaben willst, musst du sofort kommen. Sonst esse ich es allein auf.«

Wieder brach Nishino in helles Gelächter aus. »Kann ich eine Zahnbürste und eine Unterhose mitbringen?«, fragte er. »Kann ich bei dir übernachten?«

»Und wenn ich nicht will?«, fragte ich.

»Dann schenke ich dir die Zahnbürste.«

»Und was machst du mit der Unterhose?«

»Die nehme ich betrübt wieder mit.«

»Schon gut. Bring am besten auch deinen Anzug für morgen mit«, sagte ich.

Während ich auf Nishino wartete, holte ich den Gästefuton, Zudecke, Kissen und Bettwäsche aus dem Schrank und machte ihm ein Bett auf den Tatami. Es war schon eine Weile her, dass ein »Junge« bei mir übernachtet hatte. Wenn ich Sex wollte, wartete ich nicht allzu lange damit, was jedoch nicht hieß, dass ich dauernd das Verlangen hatte. Es lag über drei Jahre zurück, dass Jungen ständig bei mir ein und aus gegangen waren.

»Nishino«, sagte ich laut. Offenkundig freute ich mich auf seinen Besuch. »Nishino«, sagte ich noch einmal. Wie gern hätte ich ihn geliebt. Auf einmal wünschte ich mir das.

Es hätte mir gefallen, jemanden zu lieben, aber es fiel mir schwer, mich zu verlieben, da ich meine Bedürfnisse sehr genau kannte. Weil ich mich vollkommen ehrlich fragte, was ich wirklich wollte.

»Wie schön wäre es, wenn ich Nishino wirklich lieben könnte«, murmelte ich.

Ich nahm drei Auberginen aus dem Kühlschrank, piekte mit einer Gabel Löcher in die Haut und legte sie auf einen Rost. Dann schaltete ich den Gasherd ein. Die Flammen waren anfangs orange, nahmen jedoch bald ein hübsches Blau an.

Eine Weile blickte ich in die bläulich-transparenten Feuerzungen.

Der Sommer ging zu Ende.

Und mit dem Ende des Sommers verliebte ich mich in Nishino.

Ich wollte ihn nun wirklich ganz.

Bevor wir an jenem Tag die gegrillte Aubergine aßen, hatten wir Sex. Sehr zärtlichen Sex. Danach dachte ich nicht mehr darüber nach, welche Note ich dafür geben würde. Ich bewertete nicht mehr, ob er ganz gut, großartig oder was auch immer gewesen war.

Sobald man beschlossen hat, jemanden richtig zu lieben, werden solche Einschätzungen überflüssig. Es genügt, sich zu lieben. Deshalb war ab jenem Spätsommertag der Sex mit Nishino nur noch »Sex mit jemandem, den ich liebte«. Es ging nicht mehr um »großartig« oder »einigermaßen«.

Ich wollte ihn ganz.

Das sagte ich ihm an jenem Tag, nach dem wir miteinander geschlafen hatten, und er nickte. Doch möglicherweise verstand Nishino nicht, was »ganz« bedeutete. Er konnte nicht wissen, was es hieß, ein Mädchen wirklich zu lieben, denn er hatte es nie versucht.

»Woher weißt du, dass ich es nicht versucht habe?«, hätte er bestimmt gefragt, wenn ich ihm das gesagt hätte.

»Das merkt man, wenn man mit dir redet und mit dir schläft«, hätte ich wahrscheinlich geantwortet.

Es war damit zu rechnen, dass es kompliziert war, einen Jungen wie Nishino ganz zu lieben. Natürlich schlief er, auch nachdem ich beschlossen hatte, ihn ganz zu lieben, völlig unbefangen mit anderen Mädchen. Mit jüngeren und auch mit älteren. Einige waren verliebt in ihn. Andere wollten einfach nur ein bisschen Spaß. Wenn ich Nishino genau beobachtete, wusste ich alles.

Doch ich liebte ihn unverändert.

Ich liebte ihn einfach.

Hoffte, von ihm geliebt zu werden, wenigstens ein bisschen (nicht einmal ich konnte jemanden lieben, ohne die Hoffnung, zumindest ein wenig zurückgeliebt zu werden).

»Jetzt geht der Sommer schon wieder zu Ende«, sagte ich. Jetzt liebte ich Nishino schon genau ein Jahr.

»Ja.« Nishino, der neben mir lag, strich mir über den Scheitel.

»Ich mag den Spätsommer«, murmelte ich.

»Ich nicht so«, sagte er unbeteiligt.

»Ach?«, erwiderte ich.

Unbehagen. Oder wie sollte ich es nennen? Während der ganzen Zeit, in der ich Nishino liebte, empfand ich stets ein leichtes Unbehagen. Es war nicht groß, aber da war immer dieser feste kleine Klumpen, der sich nie auflöste.

»Meine ältere Schwester ist im Spätsommer gestorben«, sagte Nishino leise.

»Ach?«, flüsterte ich. Davon hörte ich zum ersten Mal. Nishino erzählte grundsätzlich so gut wie nie etwas von sich.

Ich strich ihm sacht über den Kopf.

»Sie hat sich auf einem Feld in der Nähe unseres Hauses vergiftet. Ich war damals über Nacht bei einem Freund und seinen Eltern am Meer. Wäre ich zu Hause gewesen, hätte ich bestimmt etwas gemerkt. Aber ich war am Meer. Man hat sie erst gefunden, als sie schon tot war«, erzählte Nishino mit gewohnt neutraler Stimme, während ich sein Haar streichelte. Immer weiter.

Er sagte nichts mehr. Auch ich schwieg.

Zum ersten Mal, seit ich Nishino liebte, überkamen mich Zweifel.

Vielleicht konnte ich ihn nicht mehr lieben.

Nie zuvor hatte ich das gedacht, nicht einmal, wenn ich merkte, dass er mit anderen Mädchen schlief oder mir immer wieder kleine Lügen erzählte.

Nishino verströmte stets eine gewisse Kälte. Immer sandte er diesen feinen scharfen Kältestrahl aus, schon bevor er mir vom Selbstmord seiner Schwester erzählt hatte. Aber ich hatte diesen feinen Strahl nicht bemerkt, nicht bemerken wollen.

Dieser Mann ist ein so tiefes Wasser, dachte ich verzweifelt.

»Nishino«, sagte ich.

»Was denn, Rei?«

»Ich liebe dich. Ich habe dich geliebt.«

»Wie meinst du das?«, fragte er mit großen Augen. »Wieso sprichst du in der Vergangenheit?«

»Weil ich dich nicht mehr lieben kann«, sagte ich ohne Umschweife. Ich konnte nur ehrlich sein.

»Warum nicht?« Nishino richtete sich auf. Traurig betrachtete ich seinen festen Bauch, seine Brustmuskeln.

»Tut mir leid.«

»Ist es, weil ich nicht treu bin?«, fragte er.

»Ja, vielleicht«, antwortete ich, wusste im Grunde jedoch, dass es daran nicht lag.

»Bitte verzeih mir. Ich werde nicht mehr mit anderen Mädchen schlafen. Nie mehr«, flehte Nishino.

Ich war völlig überrascht. Er liebte mich so sehr, dass er bettelte. Das hätte ich nie vermutet. Ich hatte angenommen, dass er mich ein wenig liebte, aber nicht sehr.

»Ich habe dich geliebt«, wiederholte ich mit einem Gefühl von Verzweiflung.

»Rei, hör auf. Bitte nicht. Ich wusste ja selbst nicht, wie sehr ich dich liebe«, stieß Nishino schluchzend hervor. »Rei, ich liebe dich.«

»Es tut mir leid«, sagte ich in nüchternem Ton.

Im Inneren fragte ich mich, ob es auf der Welt ein Mädchen gab, das liebevoll und stark genug war, um Nishino lieben zu können. Ganz bestimmt nicht.

Er tat mir so leid, dass auch ich beinahe angefangen hätte zu weinen, aber ich beherrschte mich. Gleichzeitig fröstelte ich, offen gesagt, auch bei dem Gedanken an die Kälte, die er gerade noch verströmt hatte.

Ich wollte möglichst schnell weg von ihm. Das wünschte ich mir zutiefst. Obwohl ich nicht einmal in diesem Moment die wahre Natur meines Unbehagens verstand, wusste ich nun ganz genau, dass es existierte. Dieses kalte, furchtbare Unbehagen, das, sosehr ich mich auch bemüht hatte, niemals verschwinden wollte.

Ich wollte weg. Das war mein einziger Gedanke. Genau wie es zuvor mein einziger Gedanke gewesen war, ihn zu lieben.

»Leb wohl«, sagte Nishino zum Schluss. Freundlich und wie es sich gehörte.

Ja, dieser Mann wird wohl für immer allein bleiben, dachte ich, als ich ihm in die Augen schaute.

»Irgendwann musst du mich in dein Königreich des Spätsommers einladen«, sagte Nishino. Er lächelte.

»Ja, irgendwann, wenn ich älter bin und härter und stärker«, sagte ich niedergeschlagen.

»Leb wohl«, sagte Nishino noch einmal.

»Leb wohl«, sagte auch ich.

Wir gingen von meiner Wohnung zum Bahnhof. Weil es unser letzter Tag war, nahm Nishino seine Sachen mit. Ich hatte fast nichts mehr bei ihm. Eine benutzte Zahnbürste und drei in Reserve, die ich ihm schenkte. Die benutzte dürfe er wegwerfen.

»Weißt du, ich glaube, ich werde einmal im Spätsommer sterben.« Er hob das Gesicht.

»Aber vorher muss ich dich noch in mein Reich einladen.«

»Dann bleibt mir wohl nichts anderes übrig, als so lange zu leben, bis du stark genug bist.«

»Ob ich das schaffe?«

»Ich glaube schon. Immerhin bist du ein Tierchen.«

Nishino lächelte. Es war ein rätselhaftes Lächeln, als wisse er, dass keine Frau auf der Welt ihn wirklich lieben konnte. Ein Lächeln, transparent wie die Gasflamme von meinem Herd.

Tränen stiegen mir in die Augen. Könnte ich ihn doch wieder lieben! Ich wünschte es mir so sehr und war kurz davor, es zu sagen, aber ich konnte nicht.

»Mach's gut, Nishino«, sagte ich und blieb stehen.

»Du auch, Rei.« Entschlossen schritt er durch die Fahrkartensperre, ohne sich noch einmal umzudrehen. Als er außer Sichtweite war, senkte ich den Blick. Vor mir auf dem Boden lag eine Grille. Behutsam drehte ich sie mit meiner Fußspitze um. Sie bewegte sich ein bisschen.

Gleich darauf begann sie leise zu zirpen.

Sie wurde immer lauter. Als ich sie noch einmal mit der Schuhspitze anstupste, breitete sie die Flügel aus und flog davon.

In den Himmel. Lange noch hatte ich ihr leises Surren im Ohr.

DER TURM, DER IN DEN HIMMEL WÄCHST

Subaru hat weiches Haar.

Ich liebte es, ihr Haar zu streicheln. Aber sie sagte, es sei ihr zuwider. Es sei ihr zuwider, ganz gleich, wer es streichle. Sie wolle auf keinen Fall, erklärte Subaru, dass jemand ihr übers Haar streiche, nicht einmal der ihr liebste Mensch auf der Welt. Subaru gab gern solche Erklärungen ab.

Aber ich wusste Bescheid. Als Nishino ihr irgendwann durchs Haar fuhr, entrang sich ihrer Kehle ein dunkler Laut. Sie schnurrte wie eine Katze. Eine zufriedene Katze. Sie saß auf dem Boden und streckte sich, ebenfalls wie eine Katze. Nishino strich ihr über den ganzen Rücken, bis zu ihrem Hinterteil. Nachdem er ihr einen leichten Kuss verpasst hatte, erhob er sich ächzend.

»Nishinoo!«, sagte Subaru. Es klang wie ein Wort aus einer fremden Sprache. Subaru dehnte die letzte Silbe seines Namens immer auf diese Weise. Es klang sowohl zärtlich als auch ein wenig grob.

»Gehst du?«, fragte Subaru.

»Uhm«, antwortete Nishino. Er wandte sich dem Kühlschrank zu, hinter dem ich mich versteckte. »Hier wird nicht gelauscht. Komm raus«, sagte er.

Der Kühlschrank stand bei uns nicht an der Wand, sondern mitten im Zimmer. Subaru hatte ihn eines Tages dorthin geschoben und erklärt, es sei doch wunderbar, ihn überall in Reichweite zu haben.

Nishino war gegangen. Subaru hatte sich auf dem Boden ausgestreckt. Im Licht, das schräg durchs Fenster fiel, tanzten feine Staubpartikel, in den dunklen Ecken waren sie nicht zu sehen. Im Liegen streckte Subaru die Arme in die Bahnen aus Licht. Und bewegte die Hände, als wolle sie nach dem Staub greifen.

»Ich bekomme ihn nicht zu fassen«, sagte sie.

»Ich glaube, das nennt man Tyndall-Effekt«, sagte ich leise.

»Was ist das, dieses Tyn-Dings?

»Auf diese Weise wird Staub sichtbar.«

»Woher weißt du das, Tama?«, fragte Subaru auf einen Ellbogen gestützt und auf der Seite liegend.

»Von Nishino«, antwortete ich noch leiser.

Subaru öffnete die Kühlschranktür mit dem Fuß und schloss sie wieder, nachdem sie ihre kleinen Zehen hineingesteckt hatte. Der Kühlschrank brummte leise.

»Wunderbar«, sagte Subaru laut. Eigentlich sagte sie »wun-der-bar«, indem sie die einzelnen Silben aneinanderreihte wie gleich große Perlen.

»Nishino weiß eine Menge. Es ist verblüffend«, sagte ich, was Subaru noch einmal mit der Silbenkette »wun-der-bar« quittierte. Als ich aufstand, drehte Subaru sich flugs auf die andere Seite. Sie war sehr gelenkig und in der Lage, sich auf kleinstem Raum zu drehen. Dabei machte sie ein missmutiges Gesicht. Bestimmt war sie sauer, weil Nishino ihr keinen richtigen Kuss gegeben hatte. Vielleicht auch eingeschnappt, weil ich etwas wusste, was sie nicht gewusst hatte.

Ich kannte Nishino erst seit kurzem. Das heißt, Subaru hatte ihn angeschleppt. Sie hatte ihn in irgendeinem Lokal kennengelernt, sich mehrere Stunden mit ihm unterhalten und ihn dann schließlich mit in die Wohnung gebracht.

»Sie sagte, sie sei so müde«, erklärte er mir damals belustigt. Laut Subarus eigener Aussage habe sie auf dem Boden gelegen wie ein Schluck Wasser und sei eingeschlafen.

»Ich bin noch nie einem Mädchen begegnet, das sagte, es sei so ›müüüde‹«, sagte Nishino und lachte.

»Subaru ist sehr offen«, erwiderte ich unfreundlich. Ich ärgerte mich über Subaru, die einfach einen wildfremden Mann mitbrachte, und auch über den Mann, der ungerührt zu fremden Leuten in die Wohnung kam. Dabei machte er nicht einmal den Eindruck, als hätte er es auf Sex abgesehen. Mit unklaren Verhältnissen kam ich nicht gut zurecht. Für Tama muss etwas entweder schwarz oder weiß sein, sagte Subaru immer. Und wenn ich antwortete, es gäbe doch auch rot oder grün oder gelb oder lila, lachte sie laut. Subaru hatte eine helle Stimme. Bei der Vorstellung, dass sie mit ihrer hellen Stimme zu einem völlig fremden Mann sagte, sie sei so »müüüde«, ärgerte ich mich noch mehr.

»Möchten Sie etwas trinken?«, fragte mich Nishino, während er die auf dem Boden liegende Subaru betrachtete.

»Nein«, schnappte ich. »Vor allem sind Sie hier nicht bei sich zu Hause, sondern in unserer Wohnung«, fügte ich spitz hinzu. Er kniff die Augen zusammen

»Sie müssen die kleine Tama sein?«

»Sie nennen wohl alle Frauen ›Kleine‹, was?« Ich funkelte Nishino an. Er schien sich nicht im Mindesten angegriffen zu fühlen und holte eine Dose Oolongtee aus seiner Aktentasche.

»Nicht alle«, sagte er, während er den Verschluss aufzog. »Aber zu Ihnen passt es.« Er hielt die Dose so schräg, dass er ein paar Tropfen von dem Tee verschüttete. Ich versuchte, sie von der Seite aufzufangen.

»Es ist schon fast Morgen. Am besten, Sie gehen jetzt!« Ich deutete in Richtung Flur. Man zeigt nicht mit dem Finger, hätte Subaru bestimmt gesagt. In gewissen Dingen war sie seltsam altmodisch.

»Es ist schon fast Morgen. Das haben Sie hübsch gesagt.« Nishino stand auf und zog sich, von seinem Oolongtee trinkend, im Flur die Schuhe an. Mit der Hand, in der er die Mappe hielt, stieß er die Tür auf und ging, weiter Tee trinkend, nach draußen. Geräuschvoll lief er die Treppe hinunter.

Der Himmel, von dem ein Stück durch die Eingangstür zu sehen war, wurde bereits hell. Kühle Luft zog von unten herauf. Es wird wirklich schon Morgen, murmelte ich. Eigentlich begann der Morgen ja um Mitternacht, aber für mich war es so lange gestern, bis es dämmerte. Mit dem Sonnenaufgang kam unwiderruflich der neue Tag.

Rasch schloss ich die Tür und nahm den Plastikbehälter mit dem Apfelsaft aus dem Kühlschrank, um mir ein halbes Glas einzugießen und es langsam auszutrinken. Bestimmt war Subaru in diesen Nishino verliebt. Der Kühlschrank brummte. Subaru bewegte sich ein bisschen. Ich ging eine Decke für sie holen und streichelte ihr dann die Wange. Wenn sie schlief, konnte sie nicht meckern.

Von da an tauchte Nishino häufiger bei uns auf. Immer unangemeldet.

»Kannst du nicht vorher anrufen?«, beschwerte ich mich,

woraufhin Subaru erklärte, sie hasse Vorankündigungen, und Nishino nur lachte.

Weil er sich nie ankündigte, war ich oft allein, wenn er kam. Subaru mochte es nun einmal, draußen herumzustreifen.

Ich verbrachte die meiste Zeit zu Hause, zusammengerollt auf dem Teppich. »Warum igelst du dich eigentlich immer so ein, Tama?«, fragte Nishino irgendwann.

»Tama geht nicht raus, da müsste sie ja alles in Schwarz und Weiß einteilen. Das ist zu anstrengend für sie«, erklärte Subaru.

»So fühle ich mich sicher.«

»Subaru streckt immer ihre Glieder, nicht?«

»Deshalb ist sie so direkt, habe ich dir doch gesagt.«

»Direkte Mädchen strecken ihre Glieder?«

»Die Peniblen machen sich rund und die Direkten strecken sich aus.«

»Du bist ein eigenartiges Mädchen, Tama«, sagte Nishino neugierig. »Wie alt bist du eigentlich?«

»So alt wie Subaru. Einundzwanzig.«

»Ach?« Er schien erstaunt.

»Im Jahr meiner Geburt fand ein gewisser Herr Onuki in Ginza hundert Millionen Yen auf der Straße. Und als ich vier Jahre alt war, gab es das Ungeheuer mit den 21 Gesichtern«,[*] erklärte ich, worauf Nishino mich skeptisch musterte.

---

[*] Anspielung auf die Entführung des Chefs des Süßwarenkonzerns Morinaga-Glico in den 1980er Jahren. Der oder die Entführer nannten sich das »Ungeheuer mit den 21 Gesichtern«, nach einem Schurken in einem der Kriminalromane des berühmten japanischen Schriftstellers Rampo Edogawa (1894–1965). (A. d. Ü.)

»Wirke ich älter?«

»Nein, man könnte dich für zehn, zwanzig oder auch für siebzehn halten.«

»Was soll denn das?«, sagte ich und warf ein Kissen nach Nishino. Er fing es mit beiden Händen auf und drückte sein Gesicht hinein.

»Mmh, riecht das gut. Nach dir, Tama.« So was redete er dann.

»Hundert Millionen Yen! Was würdest du damit machen? Darüber haben Subaru und ich begeistert diskutiert, als wir uns kennenlernten«, sagte ich, hastig Nishinos Blick ausweichend. Ich nahm ihm das Kissen aus der Hand und spielte damit.

»Und was würdest du machen?«, fragte Nishino.

»Ich würde es vergraben und hin und wieder hervorholen, um es mit einem niederträchtigen Lächeln zu betrachten.«

»Du bist sehr solide, oder?«

»Ja.«

»Und Subaru? Was würde sie machen?«

»Sie würde sich einen Hund, eine Hundehütte und ein Hundehalsband kaufen.«

»Aber dazu braucht man doch keine hundert Millionen Yen.«

»Doch, das Hundehalsband wäre nämlich mit Diamanten, Smaragden, Rubinen und wer weiß was allem besetzt. Total prächtig.«

»Aber das würde doch sofort geklaut.«

»Ja, damit wäre natürlich zu rechnen.«

»Und dann? Was würde sie dann tun?«

»Den Dieb verfluchen.«

Nishino machte große Augen. Dann lachte er. »Ein Fluch zu hundert Millionen Yen. Was für ein Luxus.«

»Danach würde sie ihr Leben mit dem Hund verbringen, der ihr geblieben ist.«

»Aha«, sagte Nishino. Diesmal waren seine Augen schmal.

»Es steht auch schon fest, wo ich die hundert Millionen vergrabe, und in welchem Geschäft Subaru das kostbare Hundecollier kaufen wird.«

»Tja, dann braucht ihr ja nur noch die hundert Millionen.«

Nishino schmunzelte. Sofort bereute ich es, unseren albernen Traum ausgeplaudert zu haben, und rollte mich beleidigt wieder auf dem Teppich zusammen.

»Wenn ich hundert Millionen hätte«, sagte er leise, »könnte ich alle Mädchen, die ich kenne, glücklich machen.« Solchen Quatsch brabbelte er vor sich hin.

Kurz darauf war er gegangen. »Glaubst du«, sagte ich bissig zu Nishino, obwohl er es ja nicht mehr hören konnte, »ein Mädchen kann sich nicht selbst glücklich machen? Ha!«

Ich nahm das Kissen, in das Nishino sein Gesicht gedrückt hatte. Und roch daran. Aber es roch nach gar nichts. Wieder rollte ich mich zusammen, konnte mich aber nicht entspannen. Also zog ich meine Knie fast bis zur Nase an. Ich wurde müde und streckte meine Gliedmaßen. Meine Anspannung löste sich ein wenig, und ich schlief ein.

Wie alt mochte Nishino sein? Bei seinem nächsten Besuch fragte ich ihn. Subaru sah in einer Ecke des Zimmers fern. Sie sah gerne fern. Eigentlich lief der Fernseher bei uns den ganzen Tag. Für Subaru, die kein Mobiltelefon hatte, der einzige Luxus.

»Einunddreißig. Im Jahr meiner Geburt wurde die Yodo entführt.* Als ich vier war, trat dieser Sekiguchi, der Löffel verbiegen konnte, im Fernsehen auf.«

»So alt bist du schon, Nishino?«, fragte ich. »Was war denn die Yodo?«

»Damals wollte ich das unbedingt auch können und habe immer geübt«, murmelte Nishino wehmütig, ohne auf meine Frage einzugehen.

»Subaru verbiegt auch manchmal Löffel«, sagte ich. Nishino machte große Augen. Wenn er das tat, sah er etwas dümmlich aus.

»Wenn sie wütend ist, macht sie das mit links. Sie zerschmeißt auch Gläser. Und tritt gegen Stühle«, ergänzte ich.

Nishino lachte. »Subaru ist wirklich hemmungslos, was?«

Es war nicht auszumachen, ob sie zuhörte, da sie mit dem Rücken zu uns vor dem Fernseher saß.

»Subaru nennst du jedenfalls nicht ›Kleine‹, oder?«, sagte ich.

»Zu ihr passt das nicht.«

Irgendwie ärgerte mich seine Bemerkung. Natürlich schätzte ich solche Verniedlichungen nicht, aber wie kam Nishino dazu zu entscheiden, was zu Subaru passte? Alles auf der Welt passte zu ihr. Was wusste Nishino schon davon? Ich rollte mich zusammen und hörte, ein Ohr auf den Teppich gedrückt, den Wetterbericht, der mich auf diese

---

* 1970 wurde die Maschine Yodo der Japan Airlines von der japanischen »Roten Armeefraktion« entführt. (A. d. Ü.)

Weise nur gedämpft erreichte. Der Wetterbericht war Subarus Lieblingssendung, und sobald er anfing, drehte sie den Ton lauter.

»In der Region um Sekigahara ist mit heftigen Schneefällen zu rechnen, nördlich in den Bergen zwischen dreißig und fünfzig Zentimeter. An der Küste wird vor hohem Seegang gewarnt. Bitte sehen Sie sich vor.«

Nishino beobachtete, wie Subaru den Wetterbericht verfolgte. Wenn es schneit, können wir einen Schneemann bauen. Subaru und ich, dachte ich, mein Ohr weiter auf den Teppich gepresst.

»Wovon lebt ihr beide eigentlich?«, wandte Nishino sich an Subaru.

»Von nichts Besonderem«, erwiderte sie.

»Das ist doch keine Antwort.« Er lachte.

»Von Jobs«, antwortete ich an ihrer Stelle. »Subaru arbeitet bei *Shima*, und ich mache alles Mögliche.«

Shima war eine Kneipe im spanischen Stil, die einem Mann in mittleren Jahren namens Shima gehörte. Subaru half dort vier Tage in der Woche aus. »Spanisch« bedeute, dass alle Gerichte mit Knoblauch gewürzt waren, hatte sie mir erklärt, als ich sie einmal danach fragte.

Eine Zeitlang war Herr Shima Subarus Liebhaber, aber er war nur einmal bei uns in der Wohnung gewesen. »Was? In dieser winzigen Bude lebt ihr zu zweit?«, hatte er gesagt und sich neugierig umgesehen. Als er weg war, fragte ich Subaru, was sie an diesem Typ finde. Er habe kräftige Beine, das gefalle ihr. Auch ich mochte Männer mit kräftigen Armen und Beinen.

Bald darauf trennte sie sich von ihm und fing an, in seinem Lokal zu arbeiten. Normalerweise lief so was ja genau umgekehrt. »Man trennt sich und hört auf«, sagte ich, worauf Subaru mir erklärte, Privates und Berufliches seien strikt getrennt zu halten.

»Weißt du, ich möchte ein bisschen Geld sparen. Ich muss«, sagte Subaru.

»Und wozu?«, fragte Nishino.

»Damit ich in der Nähe von diesem berühmten Aussichtsturm in Osaka wohnen kann. Beim Tsūtenkaku, dem ›Turm, der in den Himmel wächst‹«, erwiderte Subaru und nippte an ihrem schwarzen Tee. Nishino hatte ihn aufgebrüht. Subaru trank ihn immer mit viel heißer Milch.

»Warum das nun wieder?« Auch Nishino schlürfte Tee.

»Er hat den Pariser Eiffelturm und den Arc de Triomphe zum Vorbild«, erklärte Subaru. Diese Geschichte hatte es ihr angetan. »Er ist Eiffelturm und Arc de Triomphe in einem.«

»Das ist ja fantastisch.« Nishino schien höchst beeindruckt.

»Finde ich auch«, sagte Subaru. »Leider ist der erste Turm abgebrannt. Der jetzige ist ein veränderter Nachbau.«

»Aber warum willst du ausgerechnet dort wohnen?«, fragte Nishino.

»Ist doch schick«, antwortete Subaru.

»Neben dem Tokyo Tower wäre doch auch super«, sagte ich leise, aber Subaru schüttelte den Kopf.

»Der Tokyo Tower hat so was Trübsinniges.«

»Wirklich?«, fragte Nishino.

Finde ich nicht, dachte ich. Wenn wir beide dort wohnen

würden, wäre es bestimmt nicht trübsinnig, aber ich sagte es nicht.

Ich hätte gern gewusst, ob Nishino Subarus Liebhaber war, behielt aber auch das für mich. Die beiden waren undurchschaubar. Bisher hatte ich immer sofort gewusst, ob ein Mann mit Subaru schlief, aber bei Nishino hatte ich nicht die geringste Ahnung. Weder Schwarz noch Weiß, was für ein Dilemma, murmelte ich. Schwarz oder Weiß – wo ist der Unterschied?, sagte Nishino. Wenn ich auf den Turm steige, trage ich eine schneeweiße Jacke und schneeweiße Stiefel, sagte Subaru in singendem Tonfall. Warst du denn noch nicht oben?, fragte Nishino. Nein, und gesehen habe ich ihn auch noch nie, antwortete sie. Dann solltest du schnell viel Geld sparen, sagte Nishino. Ich dachte, als Nächstes würde er sagen, er wolle sie begleiten, aber er tat es nicht. Er sah Subaru an. Und sie ihn. Nur ich blickte aus dem Fenster.

Es versetzte mir einen kleinen Stich, wahrscheinlich war ich eifersüchtig. Aber worauf? Es sah aus, als würde es gleich schneien. Nishinos schwarzer Tee war kalt geworden.

»Ich möchte mit dir schlafen«, sagte Nishino eines besonders kalten Tages im Winter jenes Jahres.

Er war ausnahmsweise ein wenig angetrunken. Schlaft ihr miteinander, du und Subaru?, fragte er. Auch an dem Tag trieb Subaru sich irgendwo draußen herum.

»Was soll die unverschämte Frage?«, sagte ich entrüstet. Nishino entschuldigte sich. Und wiederholte ungerührt, er wolle mit mir schlafen.

Er sagte so etwas zum ersten Mal, und ich wusste nicht, wie ich mich verhalten sollte. Jungen sprechen in der Regel nicht so unumwunden über solche Dinge. Ich musste fast lachen. Subaru und ich hatten einander schon mehrmals ausgezogen, geküsst und berührt. Hätten wir uns besser ausgekannt, wären wir vielleicht physisch und psychisch Geliebte geworden, aber so kamen wir nicht voran. Außerdem hätte ich Angst davor gehabt. Wie Subaru es wohl empfand?

Mit mir schlafen? Ich lachte. Und Nishino schlang die Arme um mich. Streichelte meinen Kopf. Es tat gut, gestreichelt zu werden. Warum konnte Subaru das nicht leiden?

»Dein Haar ist glatt und seidig, Tama. Subarus Haar ist ganz weich, nicht?«, sagte Nishino. Er roch nach Sake.

Wir hatten Sex auf dem Boden. Nishino hatte kräftige Arme. Muskulös und kräftig. Danach wurde ich traurig.

»Warum hast du mit mir geschlafen?«, fragte ich.

»Weil du in mich verliebt bist, Tama«, antwortete er. Seine Stimme klang traurig. Anscheinend war er genauso traurig wie ich.

»Womit könnte ich Subaru wohl richtig glücklich machen?«, murmelte Nishino.

»Subaru ist glücklich, egal was du machst«, erwiderte ich leise. Aber ich wusste, dass das nicht stimmte. Wenn sie jetzt hereinkäme, wäre sie überhaupt nicht glücklich. Sie wäre sehr unglücklich.

»Seid ihr ein Liebespaar, du und Subaru?«, wagte ich mich vor.

»Ich denke schon, aber was Subaru denkt, weiß ich nicht«, antwortete Nishino.

»Aha«, sagte ich.

Nishino sah auf. Die Eingangstür stand offen. Ich war wie erstarrt. Und presste mein Ohr fest auf den Teppich. Ich hörte Nishino schlucken. Er erhob sich. Subaru war nach Hause gekommen. Die Tür fiel geräuschvoll ins Schloss.

»Subaru«, rief Nishino. Sie antwortete nicht. »Es ist nicht so, wie du denkst«, fügte er hinzu.

»Was ist nicht so?«, fragte Subaru heiser.

»Es ist nicht so«, sagte Nishino noch einmal.

Das erneute Zuklappen der Tür war von lauten Schritten auf der Treppe gefolgt. Ich kniff die Augen zu und presste weiter mein Ohr auf den Teppich.

Eine Weile rührte Nishino sich nicht vom Fleck. Seine Waden waren von Gänsehaut überzogen, so viel konnte ich sehen. Ja, genau, was ist nicht so, Nishino?, fragte ich stumm und berührte ihn am Bein. Langsam setzte er sich wieder. Tama, flüsterte er. Ja, antwortete ich. Tama, sagte er noch einmal. Ja, wiederholte ich. Wir umarmten uns leicht. Der Kühlschrank brummte.

Der große alte Kühlschrank war übrigens auch der Anlass, weshalb Subaru und ich zusammengezogen waren. Subaru hatte ihn geschenkt bekommen, aber keinen Platz dafür. Ihre damalige Wohnung war noch winziger als die, die wir uns jetzt teilten. Sie hatte nicht einmal eine richtige Küche.

Mein Kühlschrank hatte den Geist aufgegeben. Worauf wir überlegten, ob es nicht besser sei, wenn wir uns zusammen eine neue Bleibe suchten. Wir besichtigten mehrere Wohnungen, aber Subaru sagte bei jeder immer nur »oh, ist die schön«. Meine Aufgabe bestand darin, mangelndes Sonnenlicht oder fehlenden Stauraum zu kritisieren. Da wir beide arm waren und fast nichts besaßen, war der Umzug einfach. Wir brauchten nur den Kühlschrank und ein paar wenige Habseligkeiten zu transportieren. »Lass uns zur Feier des Tages was essen gehen«, schlug Subaru vor, worauf wir ein Nudellokal in der Nachbarschaft aufsuchten. Subaru nahm Soba nach Hausfrauenart mit Fisch, Algen und Shiitake und ich Mondblick-Soba mit einem aufgeschlagenen Ei in der Mitte.

Subaru taufte den Kühlschrank »Soso«. Meist öffnete sie ihn mit der Fußspitze und stieß ihn mit der Hacke zu – zur Strafe, wie sie sagte. Auch wenn ich sie immer wieder ermahnte, ließ sie es nicht bleiben. Soso ist so nervig und laut, erklärte sie und imitierte sein Brummen.

Übrigens hatte Subaru auch der Glotze einen Namen gegeben. Sie hieß Sayoko. »Sayoko ist enorm fleißig. Sie läuft den ganzen Tag«, erklärte Subaru, den Blick auf den Bildschirm geheftet. Auch wenn darauf nur noch ein Sandsturm grieselte, schaltete sie Sayoko nicht aus. »Hinter dem Sand ist der Turm in Osaka. Ganz bestimmt«, sagte Subaru und blieb sitzen.

Ich brachte die Namen Soso und Sayoko nicht über die Lippen. Es war mir einfach zu blöd. Subaru war albern, hatte weiches Haar und trieb sich gern draußen herum.

Nach dem Vorfall mit Nishino rief Subaru mich an und bestellte mich zur hintersten Bank auf dem Bahnhof. Ich sollte am Getränkeautomaten gegenüber Kaffee holen und warten. So ihre Anweisung.

Als ich den Kaffee gekauft hatte, kam Subaru den Bahnsteig entlanggerannt. Ich hatte mich gefragt, was für ein Gesicht sie wohl machen würde, aber sie sah aus wie immer. Sie nahm mir den Kaffee aus der Hand, zog den Verschluss auf und nahm einen Schluck.

»Warum hast du ihn schwarz genommen?«, beschwerte sie sich sofort. »Total bitter.«

»Weil ich nicht wusste, dass er für dich ist«, sagte ich, und Subaru runzelte die Stirn.

»Dir kommt wohl gar nicht in den Sinn, dass du etwas gutzumachen hast, Tama?«

»Tut mir leid«, sagte ich leise.

»Das sollte es auch.«

Wir setzten uns auf die Bank, um zu reden. Gehst du weiter zu Shima? – Uhm. – Nishino möchte dich sehen. Er hat bei Shima angerufen. Dem Kühlschrank geht es gut. – Pass gut auf Soso auf, ja? – Ja. – Ich werfe den Schlüssel demnächst in den Briefkasten. – Ja. – Nishino hat mir am Telefon gesagt, wir sollten heiraten. – Ja. – Was denkt der sich? Er soll erst mal erwachsen werden. Subaru lachte. Ich kann ihn nicht heiraten, sagte sie und stand auf. Und er sollte lieber seine Hose anbehalten. Wenn er so wie angewurzelt mit nacktem Hintern dasteht, sieht er ziemlich dämlich aus und irgendwie süß, murmelte sie. »Nishinoo«, sagte sie und ging mit großen Schritten den Bahnsteig entlang.

Ich blickte ihr lange nach. Es war unsere letzte Begegnung.

Sie wolle sich den Tsūtenkaku in Osaka ansehen, konnte Herr Shima uns berichten. Dafür habe sie sich Geld von ihm geliehen. Mehr wisse er nicht.

Ich hatte Nishino zu Shima begleitet. Zuerst wollte ich nicht, aber er flehte mich regelrecht an, sodass ich es ihm nicht abschlagen konnte. Herr Shima stand hinter seiner Theke und dünstete Knoblauch. Er wirkte sehr gesetzt. Ob er tatsächlich nur Mädchen im Kopf hatte?

»Wie viel hat Subaru sich denn geliehen? Ich gebe es Ihnen zurück«, sagte Nishino sofort.

»Warum das denn?«, fragte Herr Shima verwundert und schmeckte eine Makrele mit Dill und Knoblauch ab.

»Ich trage die Verantwortung«, erklärte Nishino großspurig.

»Davon hat Subaru aber nichts gesagt«, erklärte Shima und servierte uns die »Makrele auf spanische Art« – so stand es in der Speisekarte.

Auf einem Regal hinter der Theke lagen Subarus Handschuhe. Sie würde irgendwann plötzlich zurückkommen. Wenn sie sich an dem Turm sattgesehen hatte, sagte Herr Shima und begann, Geschirr zu spülen. Dabei summte er ein Liedchen.

Nishino und ich verzehrten »Makrele auf spanische Art«, »Schnecken auf spanische Art«, »sautierte Champignons« und tranken dazu den spanischen Rotwein, den Herr Shima uns empfohlen hatte. Auf dem Etikett war ein Stier abgebildet. Subaru mochte die Pilze am liebsten, sagte ich leise. Nishino nickte. Ich hätte sie viel öfter zu ihrem Lieblingsgericht einladen sollen, murmelte er.

Als wir ins Freie traten, schneite es leicht. Unten vor dem Turm steht eine Billiken-Figur. Wenn man ihre Fußsohlen berührt, kann man sich was wünschen, sagte Nishino und sah geradeaus. Billiken? Dieser amerikanische Glücksbringer mit dem spitzen Kopf?, fragte ich. Ja, genau, erwiderte Nishino versonnen. Subaru mag ihn.

Ich dachte, dass ich gern noch einmal Subarus Haar streicheln würde. Nishino sah weiter geradeaus. Wahrscheinlich würde ich auch ihn nicht wiedersehen. Ich stellte mir den

Aussichtsturm in Osaka vor. Er war hell erleuchtet und von einer lebhaften, fröhlichen Atmosphäre umgeben. Subaru stand lachend auf seiner Spitze.

Ich stellte mich auf die Zehenspitzen und küsste Nishino auf die Wange. Eine dünne Schneeschicht lag auf den Autos. Ich strich über eine Kühlerhaube und dachte, dass ich nun keinen Schneemann mehr mit Subaru bauen konnte.

STILLE

Ich »die Geliebte«, Nishino »der gute Freund«.

Nishino und ich lachten, sooft wir darüber sprachen.

Genau. Für »Mau« war ich »die Geliebte«. Und Nishino »der gute Freund«.

Mau war eine dreifarbig gesprenkelte Katze. Schlank, anmutig und gelassen. Irgendwann im Sommer war sie auf meinem Balkon aufgetaucht. Ich hörte damals leise Radio – den amerikanischen Sender Far East Network –, während ich mir im Takt zu einem zwanzig Jahre alten Song aus der Zeit, in der ich selbst zwanzig war, mit einem Fächer Kühlung zufächelte und mitsang.

Draußen auf meinem Balkon schien sich etwas zu bewegen. Bei einem Blick durch die Fliegentür sah ich, dass es eine Katze war. Sie strich eine Weile dort herum, bevor sie sich auf der Waschmaschine niederließ. Als sie ins Zimmer sah, begegneten sich unsere Augen.

Ich legte den Fächer ab und machte »Miau«. Sie gab keine Antwort. Ich versuchte es noch einmal, diesmal miaute sie zurück. Es klang wie »Mau«.

Ich öffnete die Fliegentür. Statt die Flucht zu ergreifen, sah die Katze mir direkt ins Gesicht. »Hast du Hunger?«, fragte ich. »Mau«, sagte sie wieder, und ich stellte einen Teller, auf dem noch ein abgenagter Pfirsichkern lag, auf den

Balkon. Die Katze sprang mit einem Satz von der Waschmaschine und leckte an dem Rest Fruchtfleisch, der noch daran haftete. Ihre hübsche zierliche Zunge tanzte um den Kern, der mir auf dem Teller so klein erschienen war, doch nun neben dem gesenkten Kopf der Katze klobig wirkte.

Nach einer Weile sprang die Katze zurück auf die Waschmaschine, von dort auf das Balkongeländer und landete schließlich mit einem weichen Plumps wieder auf dem Boden.

Auf mein erneutes »Miau« wandte sie sich um, antwortete mit »Mau« und verschwand.

Auf dem zurückgebliebenen Pfirsichkern sammelten sich Ameisen. Ich hob ihn mit einem Papiertaschentuch auf, wickelte ihn sorgfältig ein, ging in die Wohnung und warf ihn in den Mülleimer.

Du heißt Mau, sagte ich leise zu der Katze, die längst fort war. Aus dem Radio ertönten in schnellem Amerikanisch die Nachrichten. In dem Park, den ich von meinem Balkon aus sah, schrillten die Grillen. Mau – sagte ich etwas lauter. Der Klang gefiel mir. Mau, sagte ich noch einmal. Dann ging ich ins Bad, um zu duschen.

Nachdem Mau aufgetaucht war, wechselten Nishino und ich zum ersten Mal ein paar Worte. Er wohnte in der Wohnung nebenan. Wir waren etwa gleichzeitig eingezogen und seit über fünf Jahren Nachbarn. Aber erst nach der Ankunft von Mau kamen wir miteinander ins Gespräch. Bis dahin hatten wir uns nur im Flur gegrüßt, ohne uns anzusehen.

Als ich eine Sardine für Mau auf den Balkon stellte, sprach Nishino mich an.

Ich hatte beschlossen, für Mau einen braunen dicken Keramikteller einzuweihen, den ich einer plötzlichen Eingebung folgend auf dem Weg zum Bahnhof in einem kleinen Antiquitätenladen gekauft hatte, der Töpfe, Schüsseln und Teeschalen führte. Der Rand war mit schwimmenden Karauschen oder Karpfen verziert. Obwohl es hieß, er sei antik, hatte er nicht viel gekostet, weil der Rand angeschlagen war. Ich wusch ihn gründlich (er hatte im Laden Staub angesetzt) und legte die gebratene getrocknete Sardine darauf.

»Das ist ein ziemlich guter Teller, nicht wahr?«, sagte Nishino und sah zu mir auf den Balkon herauf.

»Ja«, antwortete ich, wahrscheinlich mit argwöhnischer Miene.

»Ist der für die Katze?«, fügte Nishino hinzu, ohne meinen Gesichtsausdruck zu bemerken.

»Genau.« Ich überlegte, ob ich sagen sollte, er sei nicht für irgendeine Katze, sondern für Mau, aber die Abneigung, einfach so ihren Namen preiszugeben, überwog. Nishino stand da und schaute zu mir herauf, während ich den Teller auf den Boden stellte. Nishino hatte eine gewisse Ähnlichkeit mit Mau. Sein Gesicht trug den gleichen schelmischen und doch empfindsamen Ausdruck. Er wirkte seltsam jugendlich, wodurch ich mich veranlasst sah, ihn »Nishino-kun*« zu nennen, als wäre er noch ein Junge, obwohl er über dreißig sein musste.

Bald meldete sich die Katze mit ihrem üblichen »Mau« und vertilgte mit großem Appetit die gebratene Sardine. Nishinos Anwesenheit völlig vergessend, beobachtete ich sie

---

* Anredeform für Jungen und jüngere Männer. (A. d. Ü.)

dabei. Nachdem Mau den Fisch säuberlich verspeist hatte, sprang sie auf das Geländer und von dort mit einem kleinen Plumps auf die Straße.

»Miezmiezmiez«, lockte Nishino. Mau ließ sich von ihm streicheln. Dabei schnurrte sie mit halb geschlossenen Augen.

»Sie ist zutraulich, nicht?«, sagte Nishino, während er Mau streichelte.

»Sieht so aus«, erwiderte ich bemüht gelassen, obwohl ich innerlich kochte. Wieso schnurrte sie bei diesem dahergelaufenen Typ?

»Soll ich ihr auch etwas zu fressen geben?«, fragte Nishino. Und wirkte dabei ähnlich zutraulich wie Mau.

Worauf ich nur schmallippig lächelte und eilig mit dem Teller in meiner Wohnung verschwand. Nishino schien noch etwas sagen zu wollen, aber ich schloss resolut die Glastür.

Was für ein aufdringlicher Kerl, dachte ich. Später zog Nishino mich mit dieser Geschichte auf, aber damals war ich wirklich aufgebracht. Nie hätte ich mir vorstellen können, dass ich kaum zwei Monate später seine »Geliebte« sein würde.

Nishino schlich sich bei mir ein, wie Mau auf meinem Balkon.

Natürlich miaute er nicht, aber er schlich sich auf ähnlich geschmeidige Weise in mein Herz. Unversehens öffnete ich die Tür, bat Nishino herein und bot ihm zwar keinen Pfirsichkern, aber Erdnüsse, Kakis und dergleichen an. Er bekam sogar einen Lieblingsteller.

»Kommt die Katze jeden Tag?«, fragte Nishino.

»Das ist nicht einfach eine Katze, das ist Mau«, erwiderte ich.

Nishino lachte. »Ich nenne sie Miez.«

»Mau passt aber besser zu ihr als Miez«, sagte ich.

Nishino gab mir einen leichten Kuss. Dann zog er den Mau vorbehaltenen Teller unter dem niedrigen Tisch hervor und musterte ihn eingehend.

»Eine schöne Keramik.«

»Er war nicht teuer.«

»Eigentlich ein bisschen zu schade für Mau.«

»Aber ich liebe Mau.«

»Ach?« Nishino lachte. »Und was ist mit mir, Eriko?«

»Du bist ein guter Freund.«

Nishino lachte. Diesmal küsste er mich ein bisschen leidenschaftlicher als zuvor.

»Bin ich jetzt noch immer nur ein guter Freund?«, fragte er zärtlich.

»Natürlich«, antwortete ich und lächelte.

»Aber Mau bleibt die Nummer eins«, sagte er anscheinend missvergnügt. Doch seine Augen lachten.

»Mau ist für mich die Nummer eins, und ich bin es für Mau.«

»Also bin ich für dich und auch für Mau nur ein guter Freund.«

Nishino tat einen tiefen Seufzer und sah aus, als würde er gleich in Tränen ausbrechen. Er schlug die Hände vors Gesicht. »Sei doch nicht traurig«, sagte ich, worauf er zwischen seinen Fingern hindurchblinzelte und im nächsten Augenblick in lautes Gelächter ausbrach. Ich stimmte ein.

»Du bist wirklich cool, Eriko«, sagte er mit Fistelstimme

und nahm mich in die Arme. Dann legte er mich sanft auf den Teppich und küsste mich unglaublich zärtlich.

Mein über dem Kopf ausgestreckter Arm stieß hin und wieder an Maus braunen Teller, und es klapperte. Ich war dabei, mich in Nishino zu verlieben. Es fehlte nicht mehr viel. Aber lieben wollte ich ihn auf keinen Fall. Das schwor ich mir.

Ich hatte einmal den Fehler gemacht, zu heiraten. Mein Mann und ich hätten uns richtig lieben sollen. Aber das klappte nicht. Es war weder seine noch meine Schuld. Wir merkten nur, dass es nicht ging. Eines Tages. Ganz plötzlich.

Nicht, dass diese Erfahrung einen Feigling aus mir gemacht hätte. Aber ich beobachtete genauer als früher und überlegte genauer. Beobachtung und Überlegung rufen im Allgemeinen Zweifel gegenüber der Liebe hervor.

»Warum kann ich nicht dein Geliebter sein, Eriko?«, quengelte Nishino unentwegt. Wie ein Kind. Ein fünfunddreißigjähriges Kind. Ein Kind, das gerade einmal fünf Jahre jünger war als ich.

»Weil ich mich verantwortlich für dich fühle«, sagte ich und streichelte ihm die Wange.

»Warum redest du so überheblich daher?«, sagte Nishino beleidigt.

»Ich bin doch nicht überheblich.«

»Der Gedanke, für jemand anderen Verantwortung übernehmen zu können, ist überheblich. Und eingebildet.«

Ich verstand, was er meinte. Natürlich hatte er recht. Als ich ihm beipflichtete, gefiel ihm das auch nicht. »Du sollst mir nicht recht geben, sondern sofort meine Geliebte werden«, sagte er in eingeschnapptem Ton, aber seine Augen lachten.

Dass Nishino so an mir hing, lag wahrscheinlich an meiner Distanziertheit. Sobald ich sie aufgeben würde, wäre er sicher ganz schnell verschwunden. Bei mir funktionierte das genauso. Wir waren uns ähnlich. Diesen Schluss hatte ich aus meinen Beobachtungen und Überlegungen gezogen.

»Mau ist irgendwie aufrichtiger«, sagte ich, woraufhin Nishino den Kopf hängenließ.

»Du hast mehr Vertrauen zu einer zugelaufenen Katze als zu mir?«

»Ja, so könnte man es sagen.«

»Mache ich einen so leichtfertigen Eindruck?«

Nishino schien mir tatsächlich zu jenen Männern zu gehören, auf die man sich nicht verlassen kann. Ab zehn Uhr abends klingelte unentwegt sein Telefon. Alle Anrufer waren Frauen. Mit jeder von ihnen unterhielt er sich vertrauensvoll und freundlich.

»Es wäre nett, wenn du dein Telefon ausschalten würdest, wenn du zu mir kommst«, sagte ich, worauf er antwortete, dass er dies tun werde, sobald ich seine Geliebte sei.

»Du bist auf dem falschen Weg, Nishino«, sagte ich.

Er nickte. »Ich weiß am besten, was ich falsch mache.« Er, der immer zu Scherzen Aufgelegte, klang dabei außergewöhnlich ernst.

»Dann schlag doch jetzt den richtigen Weg ein«, sagte ich.

Er sah mich seufzend an. »Der richtige Weg macht mir Angst«, sagte er und guckte wie Mau.

»Wieso denn Angst?«

»Weil ich dann ein solides Leben führen müsste.«

»Willst du das denn nicht?«

»Daran liegt es nicht, aber es macht mir Angst.«

Nishino hatte schnell gesprochen und legte seinen Kopf an meine Brust. Er liebe die weibliche Brust, sagte er immer. Er ließ seinen Kopf eine Weile dort liegen. Sein Handy klingelte, aber Nishino nahm nicht ab. Als ich ihn fragte, ob das in Ordnung sei, erklärte er, auf keinen Fall rangehen zu wollen. »Du quälst mich, Eriko«, sagte er, den Kopf an meiner Brust. Unverwandt betrachtete ich den Teller. Ich hatte begonnen, Nishino zu lieben, dennoch schien es mir unmöglich. Lieben – was für ein sonderbares Wort. Es erinnerte mich an das Antiquitätengeschäft, in dem ich den Teller gekauft hatte. Still und staubig. Angefüllt mit einem Sammelsurium von Dingen, die der Vergangenheit angehörten. Die Wehmut und Melancholie hervorriefen.

Nishino an meiner Brust schloss die Augen.

Es war kurz bevor Mau verschwand, als Nishino mich verließ.

»Ich werde versetzt«, sagte er.

»Ach ja?«, sagte ich. In entspanntem Ton.

»Du heiratest mich also nicht, Eriko?«, sagte er zur Seite geneigt, ohne mich anzusehen.

Statt zu antworten, lachte ich. Mehr brachte ich nicht zustande.

Er warf mir einen Blick zu, wandte die Augen aber sofort wieder ab. Auf Maus Teller lag noch ein Rest gebratene Sardine, den sie übriggelassen hatte.

»Möchtest du eine Sardine?«, fragte ich.

»Ja, gerne, antwortete Nishino mit dunkler Stimme.

»Ich wäre gern Mau. Dann würdest du mir jeden Tag Sardinen und Makrelen servieren«, sagte er scherzhaft.

Ich lachte, hörte aber sofort wieder auf, als ich sah, dass Nishinos Augen nicht lachten.

»Meinst du das ernst?«, fragte ich, und er schlug die Augen nieder.

»Ich weiß nicht«, erwiderte er. »Bisher habe ich mich immer vor diesem Zustand gehütet.«

Er hatte sich davor gehütet. Ich musste über seine Wortwahl lachen. Diesmal lachte er mit. Dennoch rückte ich immer mehr von ihm ab. Mein Instinkt warnte mich vor zu großer Nähe. Falls ich ihm jetzt zu nahe kam, würde ich ihn lieben. Und er mich.

Ich warf den Rest der Sardine fort und wusch den Teller ab. An der Spüle stehend spürte ich Nishinos Blick fast schmerzhaft auf meiner Schulter. Meine einzige Liebe war Mau. Nur Mau, dachte ich, während das Wasser lief.

»Eriko«, sagte Nishino.

»Was denn?«, fragte ich in unbekümmertem Ton, ihm weiter den Rücken zukehrend.

»Eriko«, wiederholte er. Ich drehte mich nicht um. Maus Teller war schon blitzsauber, aber ich wusch unentwegt weiter daran herum.

»Ich rufe dich an«, sagte er. »Jeden Abend.«

»In Ordnung«, antwortete ich, noch immer ohne mich umzudrehen.

Und Nishino ging.

Auch nachdem er die Wohnung verlassen hatte, fuhr ich fort, den Teller blitzblank zu waschen. Eigentlich war es ein alter angeschlagener Teller, aber das Wasser verlieh ihm einen hübschen Glanz.

Es geht vorbei, dachte ich. Ich habe Nishino nicht geliebt, also bin ich auch nicht verletzt.

Langsam ging ich ins Bad, legte sorgfältig eine Gesichtsmaske auf und lackierte mir die Nägel. Ich war auf eine Woge in meinem Herzen gefasst, spürte aber höchstens kleine Wellenringe.

Ich legte mich ins Bett, schloss die Augen und versuchte zu schlafen. Aber ich konnte nicht. Also dachte ich an Mau. Ich nahm mir vor, am nächsten Tag Thunfisch-Sashimi zu kaufen und ihr großzügig davon abzugeben.

Kaum hatte ich das gedacht, kam die Woge. Eine große Woge. Sie überrollte mich. Du warst nur verliebt, zwang ich mich zu denken. Das war keine richtige Liebe. Ich biss die Zähne zusammen. Keine Liebe. Ich hatte mich nur an ihn gewöhnt, mehr nicht. Versuchte ich mir einzureden.

Übrigens hatte Nishinos Telefon am Abend zuvor überhaupt nicht geklingelt. Er hatte keinen seiner üblichen Mädchen-Anrufe erhalten. Offenbar hatte er es ausgeschaltet. Gleich nachdem mir das eingefallen war, fiel ich in Schlaf. Beunruhigt, dass Nishino es vielleicht doch ernst gemeint haben könnte.

Und wann war Mau verschwunden?

Das letzte Mal hatte ich sie wohl zu Silvester gesehen. Sie hatte genießerisch ihre Portion in Kombu gewickelten Lachs verzehrt und mit »Mau« geantwortet, als ich sie ansprach. Wie immer.

Doch ab dem nächsten Tag ließ sie sich nicht mehr blicken. Belustigt tröstete ich mich, sie habe sich wohl über die Neujahrsfeiertage Urlaub genommen. Aber dann vergingen Wochen und schließlich Monate, ohne dass sie wiederauftauchte.

Ein Vierteljahr nach Nishinos Auszug wurden seine Anrufe zunehmend spärlicher. Es fing etwa um die Zeit an, als Mau verschwand.

Meine Liebe und mein guter Freund haben mich verlassen, murmelte ich hin und wieder traurig, wenn ich an sonnigen Wintertagen auf den Balkon ging. Ich fühlte mich einsam ohne Mau. Manchmal sagte ich es sogar laut vor mich hin. Aber dass ich ohne Nishino einsam war, sagte ich nicht. Natürlich nicht.

Immer wieder wusch ich den Teller und stellte ihn unter den Schrank. Es kamen auch andere Katzen auf meinen Balkon, aber ich fütterte sie nicht mehr. Ich dachte oft an Nishinos unbefangenes und charmantes Auftreten, sah ihn lebhaft vor mir.

Wovor hatte er sich gefürchtet? Und warum hatte ich mich davor gefürchtet, ihn zu lieben? Damals hatte ich mir eingebildet, völlig klar zu sehen, doch im Nachhinein kam mir alles recht verschwommen vor. An Maus geschmeidigen Körper konnte ich mich kaum erinnern.

Ob Nishino sich jetzt irgendwo weit fort auch so davor in Acht nahm, sich in jemanden zu verlieben? Redete er auch dort in seinem liebenswürdigen Ton mit so vielen Mädchen und verführte hin und wieder mal eins von ihnen?

Ich hätte ihm jeden Tag Sardinen und Makrelen vorsetzen sollen. Nishino. Dann hätten wir glücklich bis an unser Ende gelebt. Es gab Augenblicke, in denen ich so dachte. Aber sie vergingen sofort wieder. Allein die Abwesenheit von Mau stimmte mich traurig. Es war eine stille Traurigkeit. Mau, sagte ich. Und dann leise: Nishino-kun.

Nur die Wintersonne schien auf den Balkon.

MARIMO

Ich hatte Nishino im »Verein für energiesparendes Kochen« kennengelernt, der sich zwei Mal im Monat im Haus unserer Nachbarin, Frau Doktor Yamamoto, traf. Wie der Name schon sagte, übten wir dort, wie man beim Kochen Energie sparen konnte.

Der verlockende Slogan »Sparen Sie bis zu 30 000 Yen im Monat durch eine schmackhafte Küche ohne Verschwendung« hatte mich zur Teilnahme verführt. Das könnte sich lohnen, murmelte ich, während ich im Garten Unkraut jätete. Ich brauchte den ganzen Vormittag dazu. Ich mag das Wort Sparsamkeit, aber ich glaube, das geht den meisten Hausfrauen so.

Sparen. Preissenkung. Schnäppchen. Alles Wörter, die mich in Entzücken versetzten. Ob in der Zeit des sogenannten Wirtschaftsaufschwungs, der Wirtschaftsblase oder der folgenden Rezession, diese Wörter hatten mich immer angesprochen. Was nicht heißt, dass ich kein Geld ausgab. Von einem Kredit mit dreißig Jahren Laufzeit hatte ich ein einstöckiges Haus von über achtzig Quadratmetern, mit Garage sogar über einhundertzwanzig Quadratmeter, erworben und meine beiden Töchter auf die Universität geschickt. Außerdem hatte ich jeder ein ordentliches Hochzeitsbankett ausgerichtet. Und weil unser Familiengrab so weit weg lag, dass man dorthin fliegen musste, kaufte ich eine neue Grabstätte auf einem großen Friedhof nur eine Autostunde entfernt und ließ die Urnen überführen. Damit man leichter hinkam (mein Mann liebte Friedhofsbesuche. Zumindest in den letzten Jahren. Bevor die Mädchen erwachsen waren, hatte er lieber Sport getrieben). Wir tauschten den weißen Nissan Sunny, den ich dreiundzwanzig Jahre lang gefahren hatte, gegen einen roten March ein (ich wollte eigentlich keinen roten Wagen, aber mein Mann bestand darauf. Wir lebten seit dreißig Jahren zusammen, und ich hätte nie damit gerechnet, dass mein Mann sich einmal einen roten Wagen wünschen würde. Das Leben war einfach unberechenbar. Bis hin zur bevorzugten Wagenfarbe deines Ehemanns. Gar nicht zu reden von dem, was mit Nishino passierte).

Als ich mich nach dem Jäten sehr zufrieden mit mir ans Tor lehnte und den Garten betrachtete, sprach mich Frau Kobayashi an. Sie wohnte drei Häuser weiter. Jedes Mal, wenn ich im Garten arbeitete, kam sie unweigerlich vorbei und schmetterte: »Was sind Sie wieder fleißig, Frau Sasaki!« Zweifellos drehte sie den ganzen Tag ihre Runden durch die Nachbarschaft, um mit jemandem zu reden. Offenbar lag unser Garten auch auf ihrer Route. Wenn sie mich am Tor sah, sagte sie: »Oh, Sie gehen aus? Wohin des Wegs?« Und wenn ich zurückkam, fragte sie mich, wo ich gewesen sei. Dieses Ritual war unabänderlich wie eine Teezeremonie.

»Was sind Sie wieder fleißig, Frau Sasaki!«, sagte Frau Kobayashi auch an diesem Tag.

»Bei einem so kleinen Garten kann man wenigstens das Unkraut wegmachen«, antwortete ich, wie es sich gehörte.

Frau Kobayashi beklagte nun, dass die jungen Singles ihren Müll nicht ordnungsgemäß trennten, was letztendlich zu globaler Erwärmung führe. Dabei redete sie ohne Pause, genau 7 Minuten und 30 Sekunden. In letzter Zeit hatte ich hin und wieder die Zeit gestoppt, in der Frau Kobayashi ohne Unterbrechung reden konnte. Ihr Rekord waren 13 Minuten und 25 Sekunden, ihr Minimum 40 Sekunden. Bei den 40 Sekunden hatte es einen plötzlichen abendlichen Schauer gegeben. Auch wir Menschen waren den Launen der Natur unterworfen.

In letzter Zeit galt ihr besonderes Interesse den Unverheirateten über dreißig und Ehepaaren, die keine Kinder hatten, obwohl sie verheiratet waren. Beide waren gleichermaßen Ziel ihrer Kritik. Frau Kobayashi war offenbar Anhängerin des dualistischen Denkens. Vielleicht hatte sie sich in ihrer Jugend mit Descartes beschäftigt.

»Es ist unangenehm, wenn die Krähen den Müll durchwühlen«, sagte ich nach den 7 Minuten und 30 Sekunden, als Frau Kobayashi einmal Atem holte. Wer die Regeln der Konversation nicht beachtete, lief Gefahr, ihren Zorn zu erregen, wie ich in den fünfundzwanzig Jahren, die ich hier lebte, gelernt hatte. Irgendwann musste man eine Antwort geben. So einseitig die Unterhaltung auch sein mochte, denn in zwischenmenschlichen Beziehungen kann nicht alles gerecht verteilt sein.

An jenem Tag erzählte mir Frau Kobayashi von Frau Dr. Yamamotos Kurs für energiesparendes Kochen. Es seien noch Plätze frei. Froh, dass es nicht wieder um die Freiheit ging, nicht zu heiraten oder keine Kinder zu bekommen, bat ich Frau Kobayashi auf der Stelle um ein Anmeldeformular, denn sie hatte die Aufgabe übernommen, Teilnehmer zu werben.

Nishino war die große Ausnahme in dem Kurs, der in der Hauptsache aus Frauen bestand. (Aus *Myōrei* – »Frauen in der Blüte ihrer Jahre« –, wie ich meine Altersgenossinnen gern nannte. *Myō* setzt sich eigentlich aus den Zeichen für »Frau« und »klein« zusammen, somit bezeichnet *Myōrei* eigentlich ein junges Mädchen. Allerdings verfügt *myō* über mindestens drei weitere Bedeutungen, nämlich »geschickt«, »geheimnisvoll« und »weise«. So kam mir eines Tages der Gedanke, dass dieses Wort mit seinen verschiedenen Bedeutungsebenen eher auf Frauen in mittleren Jahren zutraf als auf junge Mädchen.)

Zudem war Nishino ein gutaussehender Mann. Adrett gekleidet, wohlerzogen und charmant. Und zur Krönung in einer renommierten Firma beschäftigt.

Sämtliche Damen waren in Aufruhr, wobei ich selbstverständlich keine Ausnahme bildete. Nishino war gleichsam ein »Schnäppchen«.

Nachdem sich die Neugier an seiner Person einigermaßen gelegt hatte (beim ersten Treffen waren die Fragen in einer Art Pfeilregen auf ihn herniedergeprasselt), sprach Frau Kobayashi ihn nun direkt an. »Können Sie überhaupt um diese Tageszeit offiziell aus dem Büro weg?«

Auch diese eindeutig unhöfliche Frage beantwortete Nishino mit formvollendeter Höflichkeit. Die Handelsfirma, für die er arbeite, habe eine Abteilung für in Europa hergestellte Küchengeräte. Die Notwendigkeit ökologisch verantwortlichen Handelns erfordere spezielle Töpfe und Geschirr, um die Verschwendung von Lebensmitteln und Ressourcen zu vermeiden. Somit habe seine Firma ihn abgestellt, um vor Ort, also in der Küche, Feldforschung zu betreiben.

Frau Kobayashi lauschte Nishinos sachlicher Erklärung anfangs skeptisch (später vertraute er mir an, er habe absichtlich auf diese Weise doziert, und lachte wohltönend. Es sei eine Art Verkaufstechnik). Bei den Worten »ökologisch verantwortlich« und »Verschwendung vermeiden« wurden ihre Züge sichtlich milder, und Nishino avancierte zu ihrem Liebling. Als Liebling musste er sich natürlich jedes Mal dem Ritual der »Dauerrede« unterziehen, aber auch das kostete ihn keine Mühe. Ich war überzeugt, dass einer Hausfrau niemand so leicht das Wasser reichen konnte, aber ein Firmenangestellter verfügte offenbar ebenfalls über ein beträchtliches Potenzial.

Nishino überließ nichts dem Zufall. Im Gegenteil war er sehr rührig, und nachdem er dreimal am Kurs des »Vereins für energiesparendes Kochen« teilgenommen hatte, waren sämtliche Damen hingerissen von ihm. Sobald er den Raum betrat, wurde er begeistert empfangen. Und selbst die, die nicht auf ihn zueilten, erwiderten sein Lächeln, indem sie dreimal so breit lächelten wie gewöhnlich (Frauen in der Blüte ihres Lebens lächeln sowohl in physischer als auch metaphorischer Hinsicht sehr breit). Anfangs hielt ich die Situation für riskant. Dass diese Frauen sich verhielten wie ein Schwarm Robbenweibchen, die ein einziges Männchen verfolgten, konnte man doch nicht gutheißen? Erst allmählich begriff ich. Das Robbenmännchen wollte, dass die Weibchen es umschwärmten. Und die Weibchen konnten nicht anders, als ihm zu gehorchen. Eindeutig bereitete es ihnen Freude. Oder das Männchen hatte sich in die Gruppe der schwärmenden Weibchen verirrt. Jedenfalls wäre wohl niemand imstande gewesen, die losgelassenen Weibchen zurückzudrängen. Nicht einmal das betroffene Männchen selbst.

Der Kurs machte mir immer mehr Spaß. Frauen, die sich einer Sache hingebungsvoll widmen, blühen auf. Selbst Frau Kobayashi hatte ihre Tiraden über unverheiratete Männer und Frauen über dreißig eingestellt. Vielleicht weil Nishino siebenunddreißig war. Ein siebenunddreißigjähriger Junggeselle. Alleinlebend. Ein attraktiver, gutsituierter Angestellter. Yukihiko Nishino.

»Oh, das ist ja Sayuri Sasaki!«, rief Nishino, als das Licht in dem Programmkino wieder anging und er entdeckte, dass ich neben ihm saß.

Noch immer ganz im Bann des Films sah ich ihn unverwandt an. Überrascht nahm ich zur Kenntnis, dass er meinen Vornamen kannte. Aber ich verbarg meine Freude und benahm mich, wie es sich für eine Frau meines Alters gehörte, indem ich ihn sogleich fragte, was er hier tue und warum er nicht im Büro sei. Ich hatte es wirklich nötig, mich über Frau Kobayashi zu mokieren.

Nishino zögerte. »Ich mache blau«, gestand er.

Er sprach nicht in dem etwas belehrenden Tonfall, den er gegenüber den Damen im Kurs anschlug.

»Sie sind ganz anders als die anderen Damen, Sayuri«, sagte er, als wir anschließend noch einen Kaffee tranken.

Die Aussage, man sei anders als die anderen, gilt eigentlich als unwiderstehliche Anmache. So steht es in jedem Ratgeber. Ich hatte immer geglaubt, ich sei dagegen gefeit. Aber da ich bisher nie Gelegenheit gehabt hatte, einen Satz dieses Inhalts auf mich wirken zu lassen, konnte ich nicht sicher sein, ob ich nicht doch darauf hereinfallen würde.

Ich Ärmste. Kaum hatte Nishino diesen Satz gesagt, verzieh ich ihm alles. Ohne dass es bis dahin etwas zu verzeihen gegeben hätte.

Ich vergab ihm alles Vergangene, Gegenwärtige und Zukünftige.

Beim Kaffee sprachen wir über den Film, den wir gesehen hatten. Anschließend redeten wir noch ein bisschen übers Essen und zum Schluss über unsere Lieblingsschriftsteller. Einen von den Schriftstellern, die Nishino sehr mochte, verabscheute ich regelrecht. Doch als wir mit dem Kaffee fertig waren, verabscheute ich ihn gar nicht mehr so sehr. Nishino sprach mich mehrmals mit meinem Vornamen an. Sayuri …

Ich fragte ihn, ob er das bei allen Frauen tue. »So halb halb«, antwortete er. Der Ausdruck »halb halb« versetzte mir einen Stich. Nicht dass ich erwartet hatte, er würde sagen, er täte es nur bei mir. Doch hätte ich mir »fast nie« als Antwort gewünscht. Zu meiner eigenen Überraschung war ich gekränkt.

Es war überhaupt ein Nachmittag voller Überraschungen. Es überraschte mich, dass es auf der Welt einen Typ Mann gab, der sich so mühelos wie Nishino in das Herz einer Frau zu schleichen vermochte. Dass ich gleichsam unbewusst die Rolle der »charmanten älteren Frau« spielte. Dass ich so etwas wie Eifersucht oder einen Besitzanspruch entwickelte, obwohl ich gar nicht viel für ihn empfand.

Nicht viel? Empfand ich wirklich so wenig für Nishino?

Nicht einmal im Nachhinein war ich mir dessen sicher. Und damals noch viel weniger.

Irgendwann begannen Nishino und ich, regelmäßig miteinander zu telefonieren.

Wenn ich recht darüber nachdenke, war unsere Beziehung in der Hauptsache telefonisch. Nishino rief mich an, wenn ich nach meiner vormittäglichen Hausarbeit eine gewisse Leere empfand. Oder wenn sich bei den Vorbereitungen fürs Abendessen der Nebel in meinem Kopf verdichtete. Oder wenn ich nachts aufstand, um auf die Toilette zu gehen, nicht wieder einschlafen konnte und mich aufs Sofa setzte, um ins Leere zu starren. Es war, als würde er mich durch ein Loch in der Wand beobachten. Dieser Umstand war entscheidend für mich. Durch seine Anrufe wurde seine Existenz am Ende zu meinem »Ein und Alles«.

Nishino hatte offenbar einen siebten Sinn für meinen Tagesablauf entwickelt. Er rief niemals an, wenn mein Mann neben mir stand oder meine Tochter mit den Kindern zu Besuch war. Weil ich es nicht wollte. Hätte ich mir gewünscht, mit ihm zu sprechen, hätte Nishino auch in Anwesenheit meines Mannes angerufen.

Er war ein Mann, der die Wünsche einer Frau erraten konnte, ohne dass sie selbst davon wusste, denn er war in der Lage, aus ihrem Inneren zu schöpfen. Das war keine Kleinigkeit. Er rief mich an, wann immer und sooft ich es mir wünschte. Lobte mich, tröstete mich, ließ mich schimpfen, immer, wenn ich es wollte. All die einfachen Dinge, die kein normaler Mann zustande bringt, waren für Nishino ein Kinderspiel. Er war kein leichter Umgang. Weder für Männer noch für Frauen.

Ja. Wer zu vollkommen ist, wird anderen leicht zuwider. Mitunter erzählte Nishino von dem »Mädchen, mit dem ich zusammen bin«. Wo sie sich getroffen, was sie gegessen hatten. Wie sie sich an ihn herangemacht hatte (denn die Mädchen fühlten sich von ihm angezogen wie Motten vom Licht, während er es nicht einmal merkte). Wie sie zusammen schliefen. Was sie ihm vorwarf. Und wie es schließlich auseinanderging.

Nishinos Beziehungen dauerten höchstens ein halbes Jahr und mindestens zwei Wochen. Was nicht daran lag, dass er es nicht lange aushielt. In den meisten Fällen waren es die Mädchen, die ihn »sitzenließen«.

Mit der Zeit begannen sie, an ihm herumzumeckern. Du liebst mich nicht, du bist immer so geistesabwesend, du bist kalt, lautete unweigerlich ihre Kritik. Ich glaube, die Mädchen verabscheuten irgendwo in ihren Herzen Nishinos Vollkommenheit. Seine aalglatte unfassbare Vollkommenheit.

»Du liebst nie jemanden, ohne an deiner Lässigkeit festzuhalten, oder?«, fragte ich Nishino eines Tages.

»Und wie ist es bei dir, Sayuri? Hast du dich denn schon mal anders verhalten?«, fragte er zurück. Mit tiefer Stimme. Ich erschauerte. Es kam so gut wie nie vor, dass ich bei einem Telefonat mit ihm erschauerte, aber unmittelbar bevor er anrief, geschah es häufig. Spürte ich seine Absicht? Damals war ich ungewöhnlich intuitiv.

»Ja, das habe ich«, antwortete ich nach einiger Überlegung. Aber an wen dachte ich da? Ein Gesicht tauchte vor mir auf. Aber es ergab sich kein klares Bild. Wer war das? Es hatte ganz bestimmt jemanden gegeben. Aber ich bekam das

Bild nicht schärfer. Ob es nicht doch Nishino war? Vielleicht war er es, vielleicht auch nicht. Niemand wusste es, und ich auch nicht.

Irgendwann hörte Nishino auf, mich anzurufen. Ganz unvermittelt.

Auch als wir noch miteinander telefonierten, hatte ich meine Vorliebe für Sparsamkeit und Preisvergleiche nicht aufgegeben. Viele Menschen haben diese Eigenschaft, besonders Hausfrauen. Auch das Ritual mit Frau Kobayashi hatte ich fortgeführt, und es auch nicht versäumt, im Garten Unkraut zu jäten. Den Kurs für energiesparendes Kochen ließ ich sowieso niemals ausfallen. Kostensparend brachte ich in Sojasoße und Sesamöl gebratene Schwarzwürzelchen und kleine chinesische Kohlrouladen auf den Tisch und schickte die Rezepte per Fax an meine beiden Töchter, ohne zu wissen, ob sie sie zubereiten würden.

Nach ungefähr einer Woche bemerkte ich, dass Nishino mich nicht mehr anrief. In Wirklichkeit hatte mein Körper es bereits viel früher gewusst, aber der Kopf wollte es nicht zugeben. Nishino hatte auch beim Kochkurs gefehlt (wie ich hatte er nie zuvor einen Termin versäumt, was mich insgeheim sehr gefreut hatte), und alle Teilnehmerinnen waren sehr betrübt.

Als er auch beim nächsten Termin nicht erschien, war allen klar, dass er nicht mehr kommen würde. Auch mir. Außerdem hatte er mich kein einziges Mal mehr angerufen.

Worüber hatten wir das letzte Mal überhaupt gesprochen? Über irgendwelche Banalitäten. Den Hund, den er einmal gehabt hatte. Das Parfüm, das seine derzeitige Freundin verwendete. Das Rauschen der Wellen in der Nacht. Nishino redete immer über solche Dinge. Nie sprach er über etwas Bedeutsames. Aber vielleicht gab es in seiner Welt auch keine Dinge, die ihm etwas bedeuteten. Vielleicht kein einziges.

Drei Monate lang trauerte ich Nishino nach. Natürlich besuchte ich während der ganzen Zeit weiter den Kochkurs, jätete Unkraut und pflegte gute nachbarschaftliche Beziehungen. Mein Leben im Geiste der Sparsamkeit ging weiter, doch musste ich unaufhörlich an Nishinos tiefe, zärtliche Stimme denken.

Um mich abzulenken und die drei Trauermonate zu beschließen, vertiefte ich mich in das Schaufenster der Tierhandlung in der Einkaufsstraße. Dabei betrachtete ich unverwandt die Hunde, ohne mich zu fragen, was für einen Nishino wohl gehabt hatte. Frauen in meinem Alter neigen eher dazu, abstrakt über die Dinge nachzudenken als über deren konkrete Eigenschaften. Geistesabwesend betrat ich das Geschäft, in dem es auch eine Reihe von Aquarien mit allerlei tropischen Fischen gab. Mir fiel ein, dass meine ältere Tochter hier einmal eine Schmuckschildkröte gekauft hatte, eine Midorigame, die sie in Anlehnung an ihren Gattungsnamen »Dori« taufte. Dori hatte lange gelebt. Neben den Guppys stand ein Aquarium mit verschieden großen Marimo-Algen, die aussehen wie Kugeln aus samtigem, grünem Moos. Auch als ich die Wasseroberfläche berührte, blieben sie – die großen und die kleinen – ruhig liegen. Marimo wachsen auf dem Grund von Seen und können eine beträchtliche Größe erreichen. Meine jüngere Tochter hatte einmal einen Aufsatz über sie geschrieben, in dem sie auch die Frage aufwarf, ob die Marimo sich nicht einsam fühlten so auf dem Grund eines Sees.

Fühlten Marimo sich einsam? Nachdenklich betrachtete ich die Algenbälle. Irgendwie erinnerten sie mich an Nishino. Wie kam ich auf diese Idee? Einen Moment lang dachte ich daran, mir zur Erinnerung an ihn eine Marimo zu kaufen und im Wohnzimmer auf dem sonnigen Sideboard aufzustellen, aber ich gab den Gedanken gleich wieder auf. Frauen meines Alter sind weniger sentimental, als gemeinhin angenommen wird.

In die Betrachtung der samtigen grünen Kugeln versunken, dachte ich an den Klang von Nishinos Stimme. An seine Ichbezogenheit. Seinen Charme. So viele seiner Eigenschaften wie möglich rief ich mir ins Gedächtnis, und ganz zum Schluss jenen Moment, in dem ich ihm alles verziehen hatte. Bis es auf einmal genug war.

Damit war die Trauerzeit beendet. Nishino war nur noch eine schöne Erinnerung. Dennoch war mir klar, dass ich mir in die Tasche log. Die schöne Erinnerung genügte mir nicht.

Sollte ich in zehn Jahren noch am Leben sein, wollte ich mir eine Marimo-Alge kaufen. Sie in eine kleine Glaskugel setzen und sie an ein schönes sonniges Plätzchen stellen.

In der Einkaufsstraße gingen die Lichter an. Die Sonne war fast untergegangen. Ob ich in zehn Jahren noch leben würde? Und mich noch an Nishinos Stimme erinnerte?

Leb wohl, Nishino, sagte ich leise und berührte sacht das Becken mit den Marimo. Als ich die Tierhandlung verließ, war die Einkaufsstraße hell erleuchtet. Ich mischte mich ins abendliche Gedränge.

WEINTRAUBEN

Nishino stieß spontan einen Seufzer aus. Das tat er gern.

»In etwa drei Millionen Jahren wird all das hier vom Andromedanebel überzogen sein«, sagte er und seufzte wieder.

»Was genau meinst du mit ›all das hier‹?«, fragte ich, worauf er erneut einen tiefen Seufzer hören ließ.

»Die Erde, die Sonne, Pluto und noch weiter entfernte Sterne eingeschlossen.«

»Und was passiert, wenn alles mit dem Andromedanebel verschmilzt?«

»Nun, es wird heller. Vor allem wird es nachts nicht mehr dunkel.«

Nishino runzelte die Stirn und sah sehr ernst aus.

»Ist doch schön, wenn es nachts nicht mehr dunkel ist«, erwiderte ich leise, worauf Nishino den Kopf schüttelte.

»Eine Welt ohne Dunkelheit ist unvorstellbar für mich«, sagte er und zog mich an den Haaren, was er anscheinend für eine Geste der Zuneigung hielt. Wohingegen es mir nicht das geringste Vergnügen bereitete, an den Haaren gezogen zu werden.

Alsdann erklärte mir Nishino, die Andromedagalaxie verfüge über so viele Sterne, dass es einfach nicht mehr dunkel werden könne. Es bliebe immer taghell. Ohne Schatten. Wieder seufzte er.

»Dann gäbe es auch keine bewölkten Tage mehr?«, fragte ich.

»Doch, die gäbe es bestimmt noch.«

»Und Regentage?«

»Regnen würde es wahrscheinlich auch.«

»Dann ist doch alles gut«, sagte ich. Regentage gefielen mir. Am liebsten waren mir bewölkte Tage. Als ich Nishino das erste Mal begegnet war, hatte jedoch die Sonne vom Himmel gebrannt.

Es war im Spätsommer gewesen. Auf Enoshima, wo ich im Strandkiosk von Verwandten aushalf. Immer samstags und sonntags. Der Kiosk hatte von Anfang Juli bis Ende August geöffnet, und in dieser Zeit fuhr ich jedes Wochenende nach Enoshima. Im Frühjahr jenes Jahres hatte ich die Aufnahmeprüfung für eine von mir bevorzugte Universität bestanden, bekam aber das Studium plötzlich satt, sodass ich mich kaum noch an der Uni blicken ließ und die Zeit einfach vertrödelte, auch wenn das im Grunde etwas langweilig war. Aber die Arbeit im Strandkiosk hatte mir schon immer gefallen. Ich glaube, seit der siebten Klasse jobbte ich dort jeden Sommer.

Nishino kam mit einer Frau. Einer stylish wirkenden Dame um die dreißig mit langem Haar. Nishino war etwa Mitte fünfzig, sie war also viel jünger als er. Allerdings wirkte er äußerlich – innerlich weiß ich nicht – sehr jugendlich, sodass der Altersunterschied kaum auffiel.

Sobald die gutgekleideten Männer und Frauen, die nach Enoshima kamen, ihre Straßengarderobe gegen Badekleidung eingetauscht hatten, wurden sie plötzlich zu gewöhnlichen japanischen Touristen, passend zu den im Schneckenhaus gedämpften Kreiselschnecken und aus Muscheln gefertigten Schlüsselanhängern, die es an den Imbiss- und Souvenirständen gab. Ein solcher Ort war Enoshima.

Aber die Frau in Nishinos Begleitung war anders. Sie trug ein Goldkettchen um eine ihrer zarten Fesseln, und ihre Zehennägel waren im tiefen Blau des Meeres lackiert. Sie war offenkundig Japanerin, aber ihre Erscheinung ließ an einen sehr anderen Ort als Enoshima denken. Zum Beispiel an eine südliche Insel mit unbekanntem Namen und menschenleeren Stränden. Stränden aus weißem Sand, gesäumt von dunklen Wäldern.

»Sie schien ständig über den Wolken zu schweben. Ich hatte das Gefühl, sie gehört nirgendwohin«, sagte Nishino, als ich ihm meinen Eindruck von seiner Begleiterin schilderte.

»Und warum haben Sie sich von einer so verführerischen Frau getrennt?«, fragte ich, worauf Nishino vielsagend lachte.

»Natürlich weil ich mich in dich verliebt habe, Ai.«

»Wenn Sie sich in die nächste verlieben, trennen Sie sich also sofort von der vorherigen?«, fragte ich laut. Nishino schien überrascht und musterte mich mit ernster Miene. Für jemanden, der so jung ist, redest du ganz schön erwachsen, sagte sein Blick.

»Nein, eigentlich nicht«, erwiderte er.

»Das heißt, Sie fahren zweigleisig?«

»Würde ich gern, aber die Mädchen lassen mich nicht.«

»Und was passiert dann?«

»Am Ende werde ich von beiden sitzengelassen.«

Sein doppeltes Spiel flog auf, und es kam zum Streit. Binnen zwei Wochen. Nach einem Monat machte die jeweilige junge Frau, die einen starken (und manchmal auch einen schwachen) Charakter hatte, resolut Schluss mit ihm. Die Übriggebliebene machte noch ungefähr drei Monate gute Miene. Als ihr Hochgefühl über den Sieg jedoch verflog, dachte sie kühl darüber nach, was Nishino ihr in der Vergangenheit angetan hatte, und warf ihm im vierten Monat sein doppeltes Spiel vor. Im fünften Monat beklagte sie sich nicht mehr nur darüber, sondern auch über seine labile Persönlichkeit und seine tief verwurzelte Neigung zur Untreue. Sie könne ihm einfach nicht vertrauen. Zwar liebe sie ihn noch immer, aber ihre Beziehung sei zu qualvoll. So verließ ihn im sechsten Monat auch die Übriggebliebene.

»In der Regel vergeht ein halbes Jahr bis zur ›endgültigen Entscheidung‹.« Nishino lachte. »Es ist wie ein Naturgesetz. Warum benehmen sich alle Mädchen – die dicken und die dünnen, die starken und die schwachen, die schönen und die, sagen wir, aparten oder die, die Fisch mögen, und die, die lieber ein Steak auf dem Teller haben –, als gäbe es am Ende nur eine offiziell anerkannte Lösung?« Nishino sah mich verwundert an.

Eigentlich hätte ich verwundert sein sollen. Über einen Mittfünfziger, der über Mädchen urteilte wie ein Junge in meinem Alter.

»Glauben Sie ernsthaft, dass die Frauen alle gleich sind, Nishino?«, fragte ich.

»Habe ich nicht recht?«, erwiderte er ungerührt. »Zumindest die, die ich gekannt habe, waren am Ende alle gleich.«

Einen Moment lang überlegte ich, ob Nishinos Freundinnen womöglich alle oberflächlich und uninteressant gewesen waren, doch dann fühlte ich mich schlecht gegenüber diesen Mädchen, die ich nicht einmal vom Sehen kannte. »Uninteressante Mädchen« findet man sowieso kaum. Zumindest weit seltener als »uninteressante Jungen«. Hätte ich das jedoch gesagt, hätte Nishino mich nur als Feministin oder so verspottet, also hielt ich den Mund.

»Bist du sauer?«, fragte er, weil ich die ganze Zeit schwieg. »Wahrscheinlich bist du die Einzige, die anders ist, Ai«, fügte er hinzu.

Das war ja nun eine echt abgedroschene Leier. Nishino benahm sich wie ein Heiratsschwindler.

»Weißt du, du bist überhaupt nicht wie die Mädchen, die ich bisher kennengelernt habe.« Nishino lächelte und küsste mich. Ich ließ es mit offenen Augen geschehen.

Diesen Eindruck hatte er bestimmt, weil ich kein bisschen in ihn verliebt war. Überhaupt war ich noch nie in einen Jungen verliebt gewesen. Kein einziges Mal. Es gefiel mir, mit Jungen auszugehen, etwas zu trinken oder ins Kino, oder auch um zu reden, aber ich konnte mich partout nicht erinnern, einen von ihnen besonders gemocht zu haben. Und das, obwohl ich schon achtzehn war.

Nishino kannte ich vom Strandkiosk. Bei unserer ersten Begegnung war er in Begleitung einer attraktiven Kurzhaarigen gewesen. Beim nächsten Mal kam er allein.

»Gibt es hier in der Nähe vielleicht eine hübsche Bar?«, fragte er mich als Erstes. Nicht, dass ich wüsste, erwiderte ich.

»Vielleicht wenn Sie ein Stück gehen, gegenüber vom Bahnhof«, fügte ich mit ernsthafter Miene hinzu.

»Wann haben Sie denn hier Schluss?«, fragte Nishino weiter.

Darauf gab ich keine Antwort. Ich fühlte mich keineswegs

verpflichtet, einem Unbekannten so etwas mitzuteilen. Als ich mich umdrehte, um mich ins Innere des Kiosks zurückzuziehen, entschuldigte er sich. »Verzeihen Sie, ich wollte nicht aufdringlich sein«, sagte er liebenswürdig.

Als ich ihm später erzählte, dass ich darin sogleich seine Erfahrenheit erkannt hatte, stimmte er mir zu. Mit den Jahren, so erklärte er mir, würde man erkennen, dass Höflichkeit, Vernunft und solche Dinge nicht nur Äußerlichkeiten seien. Doch sogar wenn man sich daran hielt, konnten zwischenmenschliche Beziehungen im Nu zerbrechen. »Wir Menschen sind wirklich komplizierte Wesen, nicht wahr?« Nishino stieß einen tiefen Seufzer aus.

Allerdings bezweifelte ich ernsthaft, dass er selbst anderen Menschen – besonders Frauen – ein derartiges Maß an Höflichkeit und vor allem Moral entgegenbrachte. Mir gegenüber war er jedenfalls nicht besonders höflich, und besonders moralisch verhielt er sich auch nicht. Das war mein Eindruck.

»Du hast jetzt einen Freund, oder?«, sagte Kikumi, nachdem ich mich schon eine Weile mit Nishino traf.

»Nichts Festes«, antwortete ich, während Kikumi mir auf den Nacken starrte.

»Und warum bist du dann in letzter Zeit gar nicht mehr zu Hause? Und warum ruft so oft ein Mann an und sagt ›ich bin's‹, ohne seinen Namen zu nennen? Und warum benutzt du jetzt manchmal Parfüm? Machst du doch sonst nicht«, ratterte sie in einem Atemzug herunter. Ich entgegnete, sie benehme sich wie ein Mädchen, das seinen Freund einer Affäre verdächtigt.

»Und was ist das für ein Typ?«, fragte Kikumi mich mit forschend zusammengekniffenen Augen.

»Niemand Besonderes.«

»Hat er ein Auto oder ein Motorrad?«

»Nein, ich glaube nicht.«

»Ist er nett?«

»Ja, schon.«

»Und was macht ihr, wenn ihr euch trefft?«

»Ich gehe meist zu ihm.«

»Wo wohnt der Typ denn?«

»In Taitō, in Tokio.«

»Aha«, sagte Kikumi. »Er scheint von der sparsamen Sorte zu sein. Wovon lebt er? Was glaubst du?« Sie nahm einen Schluck von ihrem Hōjicha.

Kikumi und ich hatten uns auf der Begrüßungszeremonie an der Universität kennengelernt. Wir saßen nebeneinander, weil wir am gleichen Fachbereich studierten und sie Kasahara und ich Kase hieß.

Auch Kikumi ging kaum noch zur Uni. Sie wohnte noch bei ihren Eltern und hielt sich deshalb oft bei mir auf. »Meine Alten nerven mich zu Tode. Ich muss so tun, als ginge ich zur Uni, damit sie Ruhe geben. Sie wissen nicht, dass ich bei dir bin, Ai.« Kikumi nahm noch einen Schluck von ihrem Tee.

Kikumi war lesbisch, wie sie sich vor sechs Monaten eingestanden hatte. Aber sie hatte noch keine richtige Freundin. All das hatte sie mir einfach erzählt, als sie mich das zweite Mal besuchte. »Ich dachte, du wärst vielleicht auch lesbisch, Ai. Also habe ich beschlossen, mich dir anzuvertrauen«, fügte sie anschließend hinzu.

»Da hast du dich geirrt. Ich habe zwar nicht viel für Jungs

übrig, aber Mädchen gefallen mir auch nicht richtig. So ganz bin ich noch nicht entschieden, aber eigentlich halte ich mich für heterosexuell. Auch wenn ich keinen direkten Beweis dafür habe.«

Kikumi lachte. »Du hast eine echt präzise Art zu denken, Ai. Du warst bestimmt gut in der Schule?«

»Ja, ich lerne gern. Ich hatte einmal in allen fünf Hauptfächern die beste Note.«

Kikumi stieß einen kleinen Schrei aus. »Waas?«

»Ich war auch ziemlich gut in Sport und Musik.«

Die fünf auf einen Streich waren in der siebten Klasse. Da hatte es in Musik keine praktische Prüfung gegeben, und in Sport hatten wir die ganze Zeit Tischtennis gespielt. Ich sang falsch, und meine Reflexe waren auch nichts Besonderes, aber in Tischtennis hatte ich Erfahrung. Die Verwandten mit dem Strandkiosk in Enoshima führten auch eine kleine Pension, in der es eine alte Tischtennisplatte gab. Auf der hatte ich in der Grundschule immer mit meinen älteren Cousins gespielt und war recht gut geworden. Natürlich hatte ich seither nie wieder in allen fünf Fächern die Bestnote erreicht.

»Jedenfalls musst du diesem Jungen richtig ins Auge blicken«, sagte Kikumi mit ernsthafter Miene. »Man denkt, dir entgeht nichts, dabei bist du im Geist schon bei übermorgen.« Dabei machte sie ein Gesicht, als hätte sie mich restlos durchschaut.

»In Ordnung. Ich tue mein Bestes«, versprach ich. Und dachte dabei, dass Nishino in so gut wie allem das Gegenteil von dem »Jungen« war, den Kikumi sich vorstellte.

Als ich Nishino erzählte, was ich mit Kikumi besprochen hatte, freute er sich. Mehr als ich erwartet hatte.

»Was wird denn jetzt aus uns?«, sagte er.

Wir lagen in seinem Bett. Körperlich passten wir angeblich gut zusammen. Wenn Nishino es sagte, musste es wohl stimmen. Er habe mit so vielen Mädchen geschlafen, aber ich sei die Beste. »Und wenn du glaubst, dass ich das zu allen sage, täuschst du dich. Denn es bedeutet, dass mir am Ende die Existenz der vielen Mädchen zu Bewusstsein kommt, mit denen ich etwas hatte. So etwas Ungeheuerliches sagt man nicht oft«, erklärte Nishino, wobei mir nicht klar war, ob er prahlte oder sich herabsetzen wollte.

»Aha«, antwortete ich. Ich hatte keine Ahnung, ob der Sex mit Nishino gut, weniger gut oder mittelprächtig war. Nicht, dass ich noch nie mit einem Jungen geschlafen hätte, aber nicht mit so vielen, um ein Urteil fällen zu können.

»Ich frage mich, ob du mich liebst, Ai?«, fragte Nishino, seine Lippen an meinen Hals gelegt.

»Natürlich liebe ich dich«, erwiderte ich, ohne zu zögern. Denn hätte ich überlegt, wäre nur irgendetwas Unverbindliches herausgekommen. Von Nishino hatte ich jedoch gelernt, dass man in der Liebe keine unverbindlichen Dinge tun oder sagen darf.

»Weißt du, Ai, in meinem Alter spielt Energie eine große Rolle«, hatte er mir irgendwann erklärt. »Wenn die Energie nachlässt, ist Schluss. Alles ist aus. Es ist, als würde die Erde sich auftun und dich verschlingen. Es gibt kein Zurück mehr.«

Anfangs verstand ich überhaupt nicht, wovon er sprach. Was ganz natürlich war, da ich nur junge Männer von achtzehn oder zwanzig Jahren kannte. Dass er von seiner Erektion sprach, begriff ich erst später. Ich wusste nur, dass Jungen ständig Erektionen hatten, auch wenn sie es gar nicht wollten. Deshalb war dies eine Überraschung für mich.

»Du bist sehr ehrlich«, sagte ich gerührt.

»Ehrlichkeit, Höflichkeit und Anstand sind das Wichtigste, nicht wahr?«, kam Nishino wieder mit seinem Lieblingsspruch.

Ich könne nicht verstehen, warum ein erwachsener Mann wie er sich mit einem unreifen Ding wie mir abgebe, sagte ich eines Tages. Oder sei es vielleicht gerade diese Unreife, die ihn anziehe? Nishino dachte eine Weile nach und zuckte dann mit den Schultern.

»Du bist reifer als jede erwachsene Frau und reiner als jedes junge Mädchen«, sagte Nishino.

Was er nur immer für peinliches Zeug rede, entgegnete ich verblüfft. Er nahm mich in die Arme und hielt mich eine ganze Weile sehr fest. Ich fragte mich stets argwöhnisch, ob Nishino mir nicht irgendwelche Geschichten auftische. Geschichten, die nichts mit mir zu tun hatten, ihm aber gefielen.

Ich bin doch kein Träumer, hätte er wohl gesagt. Schließlich hätte er all die Jahre nicht geheiratet und keine schmerzhaften und leidenschaftlichen Affären gehabt. Ja, das hätte er wohl gesagt. Für mich lebte er dennoch in einer Traumwelt. Auch wenn ich nicht wusste, um was für Träume es sich handelte.

Nishino und ich blieben den ganzen Nachmittag im Bett. Er hatte sich frei genommen, um sich mit mir zu treffen, weil er nicht bis zum Abend habe warten können. »Ich wollte dich sehen, Ai. Deinen Atem auf meinem Gesicht spüren. Deine Stimme an meinem Ohr hören«, flüsterte er mir ins Ohr. »Ich weiß nicht, was mit mir los ist. Ai, liebst du mich?«, fragte er mich immer wieder. So redete er damals oft.

Und jedes Mal antwortete ich, ohne nachzudenken, dass ich ihn liebe. Nishino runzelte die Brauen. Und ejakulierte binnen kurzem routiniert auf meinen Bauch. Ich verlangte, er solle doch ein Kondom benutzen, aber er tat es nicht. Stattdessen sagte er, wir sollten um die Zeit meines Eisprungs auf keinen Fall zusammen schlafen. Und wirklich wollte er um diese Zeit niemals Sex.

»Aber das ist doch gefährlich«, rief Kikumi, der ich kurz von Nishinos jüngst auflodernder Leidenschaft erzählte. »Außerdem kann er in seiner Firma runtergestuft werden, wenn er seine Arbeit so vernachlässigt.«

»Es ist eine kleine Firma, und er ist selber so was wie ein Chef, also kann er nicht runtergestuft werden«, antwortete ich, worauf Kikumi mich neugierig ansah.

»Was ist das denn für ein Typ?« Sie drängte und bohrte so lange, bis ich am Ende versprach, ihr Nishino vorzustellen. Schweren Herzens. Ich konnte mir ausmalen, dass das Unwirkliche, das unsere Beziehung besaß, solange wir uns nur zu zweit trafen, sich verflüchtigen würde wie Dunst in der Mittagshitze.

Eine flüchtige Beziehung. Das gefiel mir. Doch sobald wir uns mit jemandem trafen und von außen als »Paar« gesehen wurden, würde unsere Beziehung zu etwas Handfestem, Sicherem, wie eine Rechnung, die man an die Wand pinnt. Zu etwas, das man irgendwann bezahlen muss.

Am Tag unserer Verabredung trug Kikumi teure High

Heels, in denen sie größer war als Nishino. An Armen, Hals und Fingern hatte sie doppelt so viel Schmuck wie sonst. Außerdem war sie stark geschminkt. Sie war aufgetakelt wie für einen Ball.

Kikumi musterte Nishino mit festem Blick. Er schaute zurück. Ich saß ein wenig abwesend dazwischen. Plötzlich musste ich an den Winkel von Nishinos Erektion denken.

Wir saßen in einem Café, das Kikumi vorgeschlagen hatte. Sie hatte, ohne zu zögern, Kaffee bestellt, weshalb auch Nishino und ich Kaffee nahmen. Er war ausgesprochen gut. Die Fenster ließen viel Licht in den Raum. In einer Kristallvase auf dem Tisch standen zwei weiße Tulpen.

Anfangs sprachen wir kaum. Kikumi bestellte noch einen Kaffee. Nishino und ich taten es ihr nach. Er schmunzelte. Oder eigentlich machte er ein ernstes Gesicht, dennoch verriet es seine Belustigung. Ich hätte gern ein bisschen geweint. Was für ein Schwachsinn. Kikumi und ich waren halb so alt wie Nishino. Außerdem liebte ich ihn nicht einmal. Also wahrscheinlich nicht.

»Habt ihr keinen Hunger?«, fragte Nishino, nachdem wir ewig stumm herumgesessen hatten. Die Sonne ging schon unter.

»Ja, doch«, erwiderte ich hastig, obwohl ich überhaupt keinen Hunger hatte.

»Hunger habe ich keinen, aber ich könnte noch was trinken«, sagte Kikumi gelassen. Ihre Lippen waren sehr hübsch. Roséfarben und glänzend.

»Herr Nishino, was würde Ai wählen?«, fragte Kikumi im natürlichsten Ton der Welt, als hätten sie sich die ganze Zeit angeregt unterhalten.

»Das wüsste ich auch gern«, erwiderte Nishino ebenfalls im natürlichsten Ton. »Ich war noch nie in meinem Leben so gänzlich neben der Spur.« Für jemanden, der gänzlich neben der Spur war, sprach er sehr gelassen. Er und Kikumi sahen einander tief in die Augen, als wären sie ein Liebespaar.

Ich trank meinen Kaffee aus. Es war kaum noch etwas in der Tasse, aber ich nahm mir viel Zeit dazu. Von der Theke ertönte ein schrilles Geräusch. Wahrscheinlich die elektrische Kaffeemühle. In diesem Moment wünschte ich mir inbrünstig, mich in Nishino zu verlieben. Ihn zu lieben, wie er mich liebte. Dachte ich. Aber natürlich liebte ich Nishino nicht. Die elektrische Kaffeemühle sirrte.

Wollen wir zusammen sterben?

Wann hatte Nishino mich das zum ersten Mal gefragt? Es musste ungefähr ein Jahr nach unserer ersten Begegnung gewesen sein, denn ich dachte damals, es sei bald wieder Saison für Enoshima. Ich war so gut wie nie zur Uni gegangen, war aber nirgendwo durchgefallen, weil ich nur Veranstaltungen ohne Anwesenheitspflicht belegt hatte, für die man Klausuren und Hausarbeiten schreiben konnte. Bei vielen hatte ich die höchste Punktzahl erreicht. Vor allem, weil ich gern lernte. Ich war zwanzig Jahre alt, schwänzte nach wie vor die Uni und traf mich dreimal in der Woche mit Nishino.

»Die Firma geht pleite, wenn ich dauernd tagsüber abwesend bin. Das war zu erwarten«, hatte Nishino eines Tages verkündet, also trafen wir uns nur noch sonntags den ganzen Tag und zweimal in der Woche abends. »Als Chef kann ich samstags nicht freimachen. In einer Firma geht das nicht.

Ach, wäre ich nur Beamter geworden, Ai, dann könnte ich immer bei dir sein.« Er meinte es halbwegs ernst.

»Ab Juli fahre ich jedes Wochenende nach Enoshima, da können wir uns sonntags nicht treffen«, sagte ich. Nishino erbleichte.

»Nein, das lasse ich nicht zu«, rief er. Ich sah ihm sofort an, dass ihm sein Ausbruch unangenehm war.

»Was ist nur aus mir geworden?«, klagte er mitunter. Das komme alles nur daher, dass er bisher noch nie ein Mädchen im wahrsten Sinne geliebt habe, fuhr er mit tiefer Stimme fort. »Im wahrsten Sinne« klingt blöd, sagte er dann und lachte. Wenn Nishino lachte, zerfiel sein makelloser Ausdruck, und er wirkte wehrlos. In solchen Momenten mochte ich ihn am liebsten.

»Ich werde nicht mit dir sterben«, antwortete ich.

»Aber es bereitet mir Sorge, dich zurückzulassen, Ai.«

»Ich bin durchaus in der Lage, meine Angelegenheiten selbst zu regeln. Mich zurücklassen – das klingt völlig daneben.«

»Ich kann die Vorstellung nicht ertragen, dass du mit einem anderen Mann Sex hast.«

»Wenn ich wollte, könnte ich das doch auch schon jetzt tun.«

Nachdem mir das herausgerutscht war, verstummte ich. Ich hatte etwas Bösartiges gesagt. Ich verabscheue Bösartigkeit. Bösartig zu sein und bösartig behandelt zu werden.

Nishino wirkte perplex. »Was soll man dazu sagen? So etwas fällt auch nur einem Mädchen ein.« Er seufzte.

»Los, wir haben jetzt sofort Sex.« Ohne meine Antwort abzuwarten, fiel er über mich her. Ich glaube, dieses brutale

Verhalten gefiel mir besser als ihm selbst. Obwohl diese Art von Sex natürlich auch Teil seiner Persönlichkeit war. Als mir dieser Gedanke kam, versuchte ich meine Einfälle zu bremsen. Ich durfte seinen Elan nicht dämpfen.

Nishinos Überfall war kurz und heftig. Anschließend lagen wir auf dem Bett und streichelten einander die Bäuche. Seiner war weich. Meiner fest.

»Lass uns zusammen sterben, Ai«, sagte Nishino wieder in diesem leichten Ton. Ich lauschte, um mich zu vergewissern, ob hinter dieser Leichtigkeit der Wahnsinn lauerte. »Lass uns zusammen sterben«, wiederholte er noch mehrmals, immer im gleichen Ton.

Ende August besuchten Kikumi und Nishino mich zusammen auf Enoshima. Es ging seit dem frühen Morgen sehr hektisch zu. Hektisch, ein sonderbares Wort. Dreimal hintereinander murmelte ich es vor mich hin. Auch vor Kikumi und Nishino. Die beiden tranken süßen Sake und lachten.

Sie stellten einen Sonnenschirm am Strand auf. Nishino lag die ganze Zeit im Sand. Kikumi ging hin und wieder im Meer baden. Weil es am Kiosk so hektisch zuging, fehlte mir die Zeit, eine Pause zu machen und mich zu ihnen zu gesellen.

Als gegen Abend die Wellen ein bisschen höher wurden und das Getümmel endlich nachließ, setzte ich mich zum ersten Mal hin und schaute aufs Meer. Obwohl das Ahnenfest vorüber war und die Quallensaison näher rückte, war es an diesem Tag sehr voll gewesen.

»Wie traurig, dass der Sommer zu Ende geht«, sagte Nishino an jenem Abend.

Die meisten Leute hatten nur unter ihren Sonnenschirmen gesessen und nicht gebadet.

Mein Blick schweifte vom Meer zum Strand, wo Nishino und Kikumi nebeneinander unter dem Schirm lagen. Kikumi hatte lange Beine und seit kurzem eine Freundin. Eine drei Jahre ältere Büroangestellte. Sie sei sehr verliebt in sie, hatte sie mir bei einem Gerstentee in meiner Wohnung erzählt. Und wie schön es sei, verliebt zu sein. Ehrlich gesagt, habe sie anfangs gedacht, Nishino und ich würden nicht zusammenpassen, aber jetzt wisse sie, dass sie sich geirrt habe. Zuletzt sprach sie ziemlich schnell. Wenn man wirklich in jemanden verliebt sei, spiele es keine Rolle, welches Alter, welche Eigenheiten, welchen Charakter usw. der andere habe. Kikumis Lippen glänzten babyrosa.

Nishino und Kikumi verstanden sich gut. Sie hätten Vater und Tochter sein können.

»Ich war völlig entspannt«, sagte er an dem Abend. »Wirklich entspannt. Kikumi ist ein liebes Mädchen. Schön, dass du eine so nette Freundin hast, Ai. Jeder schafft sich ein Umfeld, das zu ihm passt, also bist auch du ein nettes Mädchen.« Zärtlich zog Nishino mich an den Haaren.

»Stimmt doch gar nicht«, widersprach ich schroff. Irgendwie ging es mir auf die Nerven, dass er so ernst und still war. Vielleicht weil ich ohne Pause gearbeitet hatte. Mir fielen die Augen zu. Im Halbschlaf spürte ich, wie Nishino auf einen Ellbogen gestützt mein Gesicht betrachtete. Ich drehte mich auf die Seite, und er musterte mein Profil.

Vielleicht ist er verrückt. Kaum hatte ich die Worte ausgesprochen, wurden sie mir zur Gewissheit. Natürlich war jeder bis zu einem gewissen Grad verrückt. Leute, die nicht verrückt waren, waren auf ihre Weise unheimlich. Aber Nishino war auf alle Fälle nicht ganz bei Sinnen.

»Das habe ich dir doch schon vor langer Zeit gesagt.« Nishino lachte.

Ich ließ die dicke Kette klirren, die ich ums Fußgelenk trug. »Damit du mir nicht davonläufst«, hatte Nishino gesagt, als er sie mir im Spätherbst angelegt hatte. Der Schlüssel zum Schloss befand sich natürlich in Reichweite in einer oberen Schublade. »Du kannst sie jederzeit lösen, wenn dir danach ist«, erklärte er.

»Warum machst du das?«, fragte ich, worauf er den Blick abwandte.

»Vielleicht, um mich vor mir selbst zu ekeln«, antwortete Nishino nach einem Moment zögernd.

So verbrachte ich nun den größten Teil meiner Zeit in seiner Wohnung. Ich las, ich lernte. Hörte Radio oder telefonierte mit Kikumi. Es wäre ganz einfach gewesen, die Kette zu lösen, aber aus irgendeinem Grund verspürte ich keine Lust dazu. Vielleicht weil ich fürchtete, Nishino würde dann tatsächlich den Verstand verlieren. Wenn zwei gemeinsam daneben sind, haben sie ein Geheimnis. Aber wenn einer abspringt, bleibt nur der Wahnsinn.

»Dann ist er eben verrückt«, sagte Kikumi, mit der ich am Telefon sprach. »Liebe ist doch mehr oder weniger etwas Verrücktes.«

Naiverweise nahm sie an, Nishino und ich lebten eben in wilder Ehe zusammen.

»Super, das will ich auch irgendwann. Einfach so zusammenleben«, murmelte sie.

Nishino war sehr zärtlich. In der letzten Zeit hatten wir

kaum noch Sex. Ich musste an den Roman *Der Sammler* von John Fowles denken und fragte Nishino, ob wir womöglich Ähnlichkeit mit den Figuren darin hätten. Aber er antwortete nur, Sammeln gehöre nicht zu seinen Hobbys. Woraufhin er mich meine Sachen ausziehen ließ und langsam meine Brüste, meinen Rücken und meine Beine streichelte. Ich trug keine Unterwäsche. In seiner Wohnung herrschte immer genau die richtige Temperatur.

Viele Male wollte ich ihm sagen, dass ich gehen würde. Aber ich tat es nicht. Denn ich hatte das Gefühl, jederzeit gehen zu können. »Ich liebe dich«, sagte Nishino. »Es ist so leicht, ein Mädchen zu lieben. Warum habe ich bisher keine geliebt?«, fuhr er leise fort und nahm mich, nackt wie ich war, in die Arme.

Ich liebte ihn nicht. Ich mochte ihn nicht einmal besonders. Nicht einmal, wenn ich an seinen Tod dachte, kamen mir die Tränen. So was gibt's, dachte ich. Nishino hielt mich fest umklammert. Er weinte. Und ich fragte mich nur zerstreut, warum er wohl weinte.

Morgen, morgen würde ich gehen. Beschloss ich zum x-ten Mal im Geiste. Aber ich wusste, dass ich auch morgen nicht gehen würde. Ich würde mich in Nishinos Wohnung einnisten, wie ein kleines Insekt zum Winterschlaf.

Doch alles hat einmal ein Ende.

»Weintrauben sind die beste Medizin«, sagte Nishino. Ich hatte Fieber. Eine Erkältung. Nishino hatte mich vor einigen Tagen mit seinem Husten angesteckt. Obwohl er fieberfrei war und jeden Tag unverdrossen ins Büro ging.

»Ich presse dir Weintrauben aus«, versprach er. »Es gibt

da mehrere Lehrmeinungen. Manche schwören bei Erkältung auf Pfirsiche aus der Dose oder geriebenen Apfel, aber bei uns gab es Trauben.« Nishino lebte richtig auf, als er mir davon erzählte.

Bei dem Wort »Lehrmeinungen« musste ich so lachen, dass ich einen Hustenanfall bekam. Man müsse Haut und Kerne entfernen und den Rest in eine Saftpresse geben. Früher, als es noch keine Entsafter gab, habe man die Trauben durch ein Tuch gepresst. »Ob das auch gegen Husten hilft? Bei Fieber ist es gut. Aber gegen Husten?«, murmelte Nishino, bevor er aus der Wohnung eilte und die Tür hinter sich abschloss.

In meinem fiebrigen Halbschlaf sah ich die Trauben vor mir. Dicke dunkelrote Trauben. Im Garten des Hauses, in dem ich aufgewachsen war, hatte es eine Weinlaube gegeben, und im Sommer wimmelte es dort von Rosenkäfern. Selbst wenn die Trauben noch hellgrün und winzig waren, machten die Käfer sich sofort darüber her. Nur wenige konnten sich bis zum Spätsommer halten, ohne von den Käfern gefressen zu werden. Sie waren klein, voller Kerne und ziemlich sauer.

Plötzlich fragte ich mich, ob ich Nishino vielleicht in Wirklichkeit doch liebte. Nein, wahrscheinlich war ich bloß von der Erkältung geschwächt. Ich döste, bis das Telefon klingelte.

Da ich beschlossen hatte, nicht ans Telefon zu gehen, blieb ich liegen, und der Anrufbeantworter sprang an.

»Ihr Anruf kann zurzeit nicht entgegengenommen werden. Bitte sprechen Sie nach dem Signalton«, sagte die elektronische Frauenstimme auf Nishinos Anrufbeantworter. Sie gefiel mir besonders gut, und ich lauschte hingebungsvoll, bis sie fertig war und seine Stimme ertönte.

»Ai?«, wiederholte er mehrmals.

Mühsam erhob ich mich und schleppte mich ans Telefon.

»Bist du dran?«, fragte Nishino.

»Ja.«

»Tut mir leid, dass ich dich aus dem Bett hole.«

»Was ist denn?«

»Ich hatte einen Unfall.«

»Was?«

»Ich werde wahrscheinlich sterben.«

Seine Stimme klang genauso aufgeräumt wie vorhin, als er aus dem Haus gegangen war. Ich dachte, er mache einen Scherz.

»Du liebst mich nicht, Ai, oder?«, fragte Nishino unverändert gut gelaunt auf der anderen Seite der Leitung.

»Das stimmt nicht«, erwiderte ich prompt. Wie üblich.

»Ist schon gut. Wir sind uns ähnlich, deshalb weiß ich, was du fühlst.«

Ich murmelte irgendetwas und sagte, er solle sich lieber beeilen, ich wartete auf die Trauben. Und wollte auflegen.

»Warte«, sagte Nishino. »Ich wäre gern mit dir gestorben, aber da kann man wohl nichts machen. Mein Leben war banal, wirklich, ich …«

Das Gespräch wurde unterbrochen. Ich hörte die Sirene eines Krankenwagens. Was war passiert? Ratlos ließ ich mich aufs Bett fallen.

Ich merkte, dass das Fieber plötzlich stieg. In meinen Fieberträumen war ich überzeugt, dass Nishino tot war. Warum war ich mir so sicher?

Ich will Trauben, murmelte ich und fiel in einen leichten, aber unbezwingbaren Schlaf. Heute brauche ich die Kette nicht zu tragen, war mein letzter Gedanke, bevor ich einschlief.

Die Beisetzung war eine feierliche Angelegenheit. Eine kaum überschaubare Zahl von »Geschäftspartnern« zündete Räucherstäbchen für Nishino an, und es dauerte ewig, bis alle an der Reihe gewesen waren. Unter die offiziellen Trauergäste mischten sich auch andere, mehrheitlich Frauen.

Irgendwann kam auch die Frau, die mit ihm auf Enoshima gewesen war. An ihrer schlanken Fessel trug sie unter den schwarzen Strümpfen das Goldkettchen von damals.

»Sie sind Ai, nicht wahr?«, sagte sie zu mir, als ich traurig auf der Rückseite des Tempels stand, nachdem ich mein Räucherstäbchen angezündet hatte. Sie hatte ein paar mehr Falten als beim letzten Mal, war aber noch immer sehr hübsch.

»Jetzt ist er tot«, sagte sie einfach.

»Sie wissen von mir?«, fragte ich.

Die Enoshima-Frau nickte. »Ja, wir trafen uns hin und wieder, dann hat er von Ihnen erzählt.«

»Haben Sie sich oft getroffen?«

»Ungefähr einmal im Monat.«

Typisch Nishino, dachte ich und musste lächeln. Mich hat er in Ketten gelegt, während er sich mit einer Verflossenen traf.

»Aber wir haben nur zusammen gegessen.« Die Enoshima-Frau lächelte. »Sie haben Nishino bis zum Schluss nie geliebt, nicht wahr?« Sie sah mir in die Augen. Es gab keinen

Grund, einer fremden Person eine solche Frage zu beantworten, aber sie war mir irgendwie sympathisch. Grundlos.

»Wahrscheinlich nicht«, antwortete ich nachdenklich.

»Geschieht ihm recht«, murmelte die Enoshima-Frau. Ich schwieg.

»Dennoch haben Sie etwas versäumt«, fuhr sie fort.

»Was denn?«, fragte ich. Wie meinte sie das?

»Nishino zu lieben war vielleicht kein großer Gewinn, aber ein großes Vergnügen. Die Mühe lohnte sich.« Sie brach in Gelächter aus.

Ihr Lachen war hell. Ich lachte nicht und dachte stattdessen an die Trauben.

Welche Art von Trauben hatte Nishino für mich kaufen wollen? Rote oder grüne? Solche mit kleinen Kernen? Ich hätte es gern gehabt, wenn er mir den ausgepressten kühlen Saft mit einem Löffel eingeflößt hätte.

Nishino!, rief ich in meinem Inneren. Ich habe dich wirklich nicht geliebt. Ich konnte es nicht. Bitte verzeih mir. Mir war, als hörte ich ihn dicht an meinem Ohr seufzen, aber das war natürlich Einbildung.

»In dreißig Millionen Jahren wird es auf der Erde keine Nacht mehr geben«, sagte ich zur Verblüffung der Enoshima-Frau.

»Ach wirklich?«, erwiderte sie und kehrte mir den Rücken zu.

»Ja, wirklich«, rief ich der Frau nach. »In dreißig Millionen Jahren wird es hier auf der Welt keine Nacht mehr geben. Was soll ich nur tun? Sagen Sie mir doch, was ich tun soll!«

DAS FIEBERTHERMOMETER

Ich wollte mit Nishino sprechen.

Er war ein sonderbarer Junge. Einem solchen Jungen war ich noch nie begegnet, und es wird wohl auch nie wieder geschehen. Damals dachte ich, es gäbe eine Menge Jungen wie ihn, aber das stimmt nicht. Nishino sagte, er denke mit Wehmut an mich, aber jetzt denke ich mit Wehmut an ihn. Wo er wohl ist? Und was er wohl tut? Ich weiß nicht einmal, ob er noch lebt oder schon gestorben ist, aber sein Bild hat sich mir so tief eingeprägt, dass es für mich keinen Unterschied macht, ob er am Leben ist oder tot.

Yukihiko Nishino. Damals achtzehn Jahre alt. Nichts Nachteiliges bekannt. Keine besonderen Fähigkeiten. Gesund. Hobby: durch Kanalrohre kriechen.

»Bist du nicht Nozomi Misono?«, war das Erste, was er zu mir sagte.

Seine Stimme kam von oben, und ich öffnete leicht die Augen. Die dritte Stunde war ausgefallen, und ich hatte mich hinten im Garten allein ins Gras gelegt. Es war schattig dort, und um diese Jahreszeit blühte überall der Jasmin. Man brauchte nur kurz dort zu sitzen, um ganz vom bezaubernden Duft der kleinen zartgelben Blüten durchdrungen zu werden.

»Ja, und wer bist du?«, fragte ich, während ich mich aufrichtete.

»Yukihiko Nishino. Ich studiere Wirtschaft im ersten Jahr.«

»Aha.« Ich musterte ihn. Sein glattes braunes Haar war ordentlich geschnitten. Er trug Jeans, ein weißes T-Shirt und darüber ein langärmliges Jeanshemd, dessen obere drei Knöpfe offen standen.

Ich hatte den Jungen noch nie gesehen. Ich kannte überhaupt nur zwei Studenten aus dem Fachbereich Wirtschaftswissenschaften, und sie waren wie ich im dritten Studienjahr.

»Du brauchst nicht so misstrauisch zu gucken, ich bin ein ganz unverdächtiger Typ«, erklärte Nishino und machte runde Augen.

»Findest du es nicht verdächtig, so was zu sagen?« Ich lachte. Nishino lachte ebenfalls.

»Wir waren auf einer Schule. Ich war nur ein paar Klassen unter dir«, sagte er.

»Aha.« Ich nickte.

Auf der Oberschule war ich Schulsprecherin geworden. Damals war das sehr ungewöhnlich für ein Mädchen, und obwohl mein Abitur schon drei Jahre zurücklag, sprachen mich in meinem Heimatort noch immer ehemalige mir bekannte oder auch unbekannte Mitschüler an.

»Und was willst du?«

Seit ich in Tokio studierte, war ich nur ein Mädchen unter vielen. Für das Amt der Schulsprecherin hatte ich aus reiner Neugier kandidiert. Doch als die Wahlurne geöffnet wurde, stellte sich heraus, dass ich ein nie da gewesenes Ergebnis erzielt hatte. In unserer Gegend und zu der Zeit war das für eine »Frau« noch ziemlich bedeutsam. Und ich avancierte zu einer Berühmtheit an meiner Schule.

Mit dem Beginn meines Studiums gelang es mir endlich, dieser anstrengenden Situation zu entkommen. Vorsorglich hatte ich mich für eine wenig bekannte »mittlere« Universität entschieden und war dort, wie ich es mir gewünscht hatte, bisher niemandem von meiner Oberschule begegnet.

»Ich weiß, so eine Frage gehört sich nicht, aber stimmt es, dass du mit jedem Sex hast?«, fragte Nishino. Seine Augen waren noch immer geweitet.

Damals wusste ich noch nicht, dass es eine Marotte von ihm war, die Augen aufzureißen, wenn er es besonders ernst meinte.

»So eine Frage ist das Letzte. Und hat deine Mutter dir nicht beigebracht, dass es unhöflich ist, jemanden so anzuglotzen?« Ich versetzte ihm mit aller Kraft einen Schlag mit meinem harten Ordner für das Seminar »Thermodynamik 1«.

»Aua«, rief Nishino und krümmte sich. Der Jasmin schwankte, und ein paar Blüten fielen zu Boden. Langsam stand ich auf, bürstete mir das Gras ab und schritt davon, ohne Nishino eines Blickes zu würdigen.

Einen Monat später begegnete ich ihm wieder.

Er ging mit einem Mädchen den Weg zum Institut für Literatur entlang. Ich wusste gleich, dass sie nicht an unserer Universität studierte.

Das Mädchen war nämlich »süß«. Natürlich gab es an unserer Universität auch viele hübsche Mädchen. Nur, dass diese Mädchen als »mittelhübsch« galten, ebenso wie unsere Universität einen »mittleren« Status hatte.

Doch die Schönheit des Mädchens neben Nishino reichte weit über jedes Mittelmaß hinaus. Sie war einfach bezaubernd und wunderwunderhübsch.

Dieses Mädchen war offenkundig eine erfahrene Schönheitsveteranin, die nicht den geringsten Zweifel an ihrem ihr eigenen Charme hatte.

»Hallo!« Nishino winkte mir zu.

»Hallo«, erwiderte ich. Mir war überhaupt nicht danach, irgendeinen Austausch mit diesem unhöflichen Knaben zu pflegen, aber ich war neugierig, wie er es geschafft hatte, ein so schönes Mädchen auf den Campus einer fremden Universität zu locken.

»Guten Tag«, sagte das Mädchen und nickte mir zu. Nishino gab sich lässig, als wäre er schon jahrelang mit ihr verheiratet.

»Deine Freundin?«, fragte ich.

»Ja«, antwortete er ohne jede Verlegenheit. »Das ist meine kleine Kanoko.«

»Weder dein noch klein«, rügte ihn das Mädchen und lächelte mir entschuldigend zu.

Ich bereute, nicht einfach weitergegangen zu sein, als würde ich ihn nicht kennen. »Ich heiße Misono. Also, ich geh dann mal«, sagte ich und wollte mich aus dem Staub machen. Nishino wirkte ungerührt.

»Oh«, sagte Kanoko und sah mich, ohne sich umzudrehen, verlegen von der Seite an. Zu meinem Erstaunen hatte sie bemerkt, dass es mir unangenehm war, weiter bei ihnen stehen zu bleiben. Noch erstaunlicher war, dass sie sich selbst die Schuld dafür zu geben schien. Unter diesen Umständen konnte ich nicht einfach gehen und hielt inne.

»Es hat mich sehr gefreut, dich kennenzulernen«, sagte Kanoko nach kurzem Zögern.

»Mich hat es auch gefreut«, erwiderte ich, indem ich mich ihr zuwandte. Sie entspannte sich ein wenig.

Mitunter fragte ich mich, wie Jungen diese Art von psychologischer Diplomatie empfanden, die ähnlich wie zwischen Staaten auch zwischen Mädchen funktionierte. Vermutlich merkten die meisten überhaupt nichts davon. Oder konnten sich nicht einmal vorstellen, dass es so etwas gab.

Natürlich stand auch Nishino einfach nur da und grinste unbedarft. Diesmal kehrte ich den beiden wirklich den Rücken.

»Gehen wir«, hörte ich Nishino sagen. Kanoko antwortete nicht, aber am Klang ihrer Schritte erkannte ich, dass sie einträchtig nebeneinander davontrabten.

Eilig machte ich mich auf den Weg zum Institut für Naturwissenschaften, das sich im hinteren Teil des Campus befand.

Lange ergab sich keine Begegnung mit Nishino, und ich hatte ihn bald vergessen.

Doch dann kam die Sache mit den Rohren. Sie waren der Anlass, dass ich ihn wiedersah.

In dieser Woche war ich äußerst beschäftigt gewesen. Am Montag hatte ich mich mit Minakawa getroffen, am Dienstagmittag mit Suzuki, am Nachmittag mit Kaneko, und als ich gegen Mitternacht nach Hause kam, stattete Munakata mir einen Besuch ab. Mittwoch und Donnerstag war ich allein, weil ich bis spätabends Experimente im Labor durchführte, aber Freitag und Samstag übernachtete ich bei Nakajima.

Natürlich hatte ich mit all diesen Jungen Sex.

Mir war nicht ganz klar, ob es Standard oder völlig daneben war, mit fünf Jungen in einer Woche zu schlafen. Dennoch lautete die Antwort auf Nishinos Frage, ob ich mit jedem Sex hätte: Nein, auf keinen Fall.

Bislang hatte ich noch nie mit einem Jungen geschlafen, der mich nicht interessierte. Es geschah immer aus reiner Neugier. Ebenso wie ich damals auf der Oberschule für das Amt der Schulsprecherin kandidiert hatte.

Aus diesem Grund hatte ich in dieser Woche mit fünf verschiedenen Jungen intime Stunden verbracht. Mit einem Jungen zu schlafen ermöglichte Intimität. Die Jungen vertrauten mir. Zeigten mir ihre Zuneigung. Vergaßen ein wenig ihren Anstand. Wurden zugänglicher. Und wenn es gut lief, verliebten sie sich in mich.

Den Sonntag verbrachte ich allein. Ich hatte ihn zu meinem Ruhetag bestimmt. Ich wusch Wäsche, machte sauber, kochte Essen, sah mir je nach Saison nebenbei Baseball, Marathon oder Sumo-Turniere im Fernsehen an. Meine Neugier war grenzenlos, aber Tag und Nacht mit jemandem zusammen zu sein strengte mich doch sehr an.

Als der Tag zur Neige ging, machte ich mich auf den Weg in den benachbarten Park. Es war ein großer Park samt einem Kinderspielplatz mit allerlei Spielgeräten in einer Ecke und einer naturbelassenen Wiese.

Ich ging immer auf die Wiese, stand im wuchernden Unkraut, das mir die Knöchel zerkratzte, und betrachtete von ferne die Schaukeln und die Rutschbahn. Um diese Zeit waren kaum Menschen im Park. Die Schaukeln bewegten sich leise quietschend im Wind. Das Gras zu meinen Füßen raschelte.

Manchmal kroch ich in eines der Keramikrohre, die dort Wind und Wetter ausgesetzt im hohen Gras lagen. Sie hatten einen Durchmesser von mindestens einem Meter. Es war bestimmt gemütlich darin, dachte ich, als ich sie das erste Mal sah, und kroch sofort in eins der Rohre hinein. Ich habe es schon gesagt, ich bin meiner Neugier treu.

Auch an diesem Sonntag kroch ich in eins der Rohre. Mit dem Rücken an seine Rundung gelehnt, schlug ich einen Bildband auf und betrachtete die Schwarzweißfotos darin. Da ich mich tiefer als sonst verkrochen hatte, war es ziemlich dunkel. Ich war bei einem Bild, das eine Menge Katzen an einem Strand zeigte. Der Kontrast zwischen Schwarz und Weiß war hier besonders deutlich und auch im schwachen Licht gut zu erkennen.

Ich musste unversehens eingeschlafen sein.

»Nozomi? Bist du das?«, schreckte mich eine Stimme auf. Ich stieß mir den Kopf, worauf mir ein kleiner Schrei entfuhr.

»Oh, entschuldige«, sagte der Inhaber der Stimme. »Aber dass ich dich hier treffe!« Als ich, mir meinen Kopf reibend, zur Öffnung des Rohres sah, beugte sich ein Mann herein, augenscheinlich der, der mich angesprochen hatte. Im Gegenlicht konnte ich sein Gesicht nicht erkennen. Aber ich hatte eine Ahnung, wer es war.

Der Inhaber der klaren Stimme musste Nishino sein.

»In diesem Rohr ist es besonders gemütlich«, sagte Nishino jetzt direkt neben mir. Die Sonne war nun fast untergegangen. Meine Augen hatten sich an die Dunkelheit gewöhnt, und ich konnte seine Umrisse deutlich erkennen, aber für ihn, der gerade erst hereingekommen war, musste es stockdunkel sein. Sich mit den Händen vorwärtstastend, setzte er sich neben mich und lehnte sich ebenfalls mit dem Rücken an die Wand.

»Ich finde diese Rohre toll. Sonntags verkrieche ich mich auch meistens hier«, erklärte er.

»Du kommst schon länger hierher?«, fragte ich erstaunt. »Du bist wirklich ein sonderbarer Typ.«

Er saß so dicht neben mir, dass ich seine Wärme spürte. Auch zu zweit war es sehr gemütlich in dem Rohr. Man fühlte sich eins. Als gäbe es gar keinen anderen. Es hatte eine gewisse Ähnlichkeit mit dem Gefühl beim Sex.

»Tut mir leid wegen letztem Mal«, sagte Nishino mit einem Blick in mein Gesicht. Seine Augen schienen sich vollständig an die Dunkelheit gewöhnt zu haben. Er berührte mit den Fingern sacht meine Stirnhaare.

»Wovon redest du?«

»Na, von meiner blöden Frage damals.«

»So blöd war die gar nicht. Ich war nur überrascht, dass du, obwohl du mich gar nicht kanntest, über mein Sexualleben Bescheid wusstest«, erwiderte ich.

»Ich wusste es von Minakawa.«

»Aha«, sagte ich. Minakawa war der Junge vom letzten Montag. Oder Dienstag? Ich konnte mich nicht richtig erinnern. Er war einer von den beiden Jungs, die ich vom Fachbereich Wirtschaftswissenschaft kannte. Ich hatte immer geargwöhnt, dass Minakawa nicht ganz vertrauenswürdig war, und genauso war es.

»Aber warum hast du mich so direkt gefragt?«, fragte ich nach einem Moment des Schweigens.

»Weil ich es wissen wollte«, sagte Nishino und machte große Augen. Genau wie damals, als er mir die Frage gestellt hatte.

»Was denn wissen?«

»Wie ich jemanden lieben kann.«

»Was?«, fragte ich. Eine so entscheidende Frage zu stellen! Und dann auch noch in einem dunklen Keramikrohr. War dieser Typ noch bei Trost?

Vor lauter Überraschung bekam ich Schluckauf. Mehrmals hickste ich lautstark, dann gluckste ich alle paar Sekunden leise wie eine Schlammquelle.

»Es hört nicht auf, oder?«, sagte Nishino. Er unterdrückte das Lachen.

»Nein«, erwiderte ich zwischen zwei Schlucksern.

»Soll ich machen, dass es aufhört?« Nishino hatte kaum ausgesprochen, als er mein Kinn anhob, um mich zu küssen. Er schob mir die Zunge in den Mund und bewegte sie.

Eine Weile probierte er alles Mögliche aus.

»Es hört aber nicht auf«, sagte ich, nachdem er sich von mir gelöst hatte.

Er blies die Wangen auf. »Ich gebe es auf. Nicht mal einen Schluckauf kann ich vertreiben«, sagte er niedergeschlagen. Zuerst dachte ich, er mache Spaß, aber anscheinend meinte er es ernst.

»Du wieder.« Ich lachte. In dem Rohr aus Keramik. Und tätschelte Nishino die Wangen.

Dieser Junge hatte mich von Anfang an interessiert.

Kommst du heute mit zu mir?, fragte ich rasch. Ja, sagte Nishino. Wir krochen aus dem Rohr heraus. Draußen war es inzwischen völlig dunkel. Mein Schluckauf hatte sich irgendwann gelegt.

Aber an dem Tag schliefen wir nicht zusammen.

Ich lud Nishino zum Abendessen ein. Zu dem Kartoffelgericht, das ich zu Mittag gekocht hatte, briet ich noch Schinken und Eier. Außerdem machte ich eine Miso-Suppe mit Tofu. Wahrscheinlich vermied ich es instinktiv, mit ihm zu schlafen, weil Sonntag doch mein Ruhetag war.

Stattdessen erzählte Nishino mir von seinem Leben.

Er wisse, wie seltsam es sei, dies beim beinahe ersten Treffen mit einer Frau zu tun, und für gewöhnlich tue er das auch nicht.

»Aber das ist nicht unser erstes Treffen«, wandte ich ein, und Nishino nickte. Mit runden Augen.

»Stimmt. Trotzdem bin ich für dich ein fast Unbekannter. Nichtsdestoweniger …«

Nachdem Nishino »nichtsdestoweniger« gesagt hatte, legte er den Kopf schräg. Was für ein eigenartiger Typ, dachte ich. Ich fühlte mich zu ihm hingezogen, aber irgendwo kam er mir auch sehr fremd vor.

»Nichtsdestoweniger ist es für mich keine erste Begegnung mit dir. Du bist für mich eine sehr nahe Person aus der Vergangenheit«, fuhr Nishino leise fort.

»Was?«, fragte ich wieder. »Wir haben zwar zusammen in dem Rohr gesessen, aber warum bin ich dir plötzlich so nah?«

»Ja stimmt, tut mir leid«, entschuldigte Nishino sich rasch. »Aber für mich bist du wirklich eine Frau, an die ich viele Erinnerungen habe. Oder nein, nicht du selbst bist es, an die ich mich erinnere. Das kommt jetzt sicher ziemlich plötzlich, aber ...«

Er fuhr fort. Im Folgenden fasse ich zusammen, was er mir erzählte.

Nishino besaß eine zwölf Jahre ältere Schwester.

Diese Schwester hatte geheiratet, als Nishino in der Grundschule war.

Einige Jahre später brachte die Schwester eine Tochter zur Welt.

Ein halbes Jahr darauf starb das kleine Mädchen plötzlich an einer angeborenen Herzkrankheit.

Die schon zu Beginn nicht sehr stabile Ehe seiner Schwester zerbrach daran.

Seit dem Tod ihres Kindes war ihr Gesundheitszustand angegriffen.

Die Schwester zog zu den Eltern zurück.

Im Sommer vor drei Jahren, als Nishino in der neunten Klasse war, hatte sie Selbstmord begangen.

Seither litt er unter Schuldgefühlen, weil er seiner Schwester nicht zu Hilfe gekommen war, und fragte sich, ob ihn womöglich eine inzestuöse Liebe mit seiner älteren Schwester verbunden hatte.

»Und du, Nozomi Misono, bist meiner Schwester wie aus dem Gesicht geschnitten.«

»Wirklich?«, fragte ich behutsam.

Nie hätte ich gedacht, dass sich unter Nishinos tadellos

gesunder Haut und seinen kräftigen Muskeln eine solche Geschichte verbarg.

Während er erzählte, verspeiste er mit größtem Appetit vier Spiegeleier – sein Wunsch – mit Schinken. Ich fragte mich, ob er die Geschichte vielleicht erfunden hatte, weil er so unbekümmert wirkte.

»Das war schlimm, nicht wahr?«, sagte ich noch behutsamer.

Lebensberatung war nicht gerade mein Fachgebiet. Das Gleiche galt natürlich für meine Erkenntnisse über Inzest im Allgemeinen.

»Wir könnten zusammen schlafen?«, schlug ich vor. Es verunsicherte mich, dass Nishino so unbewegt wirkte, nachdem er mir all das erzählt hatte.

»Nein, das geht nicht. Zumindest jetzt nicht. Weil ich momentan noch nicht weiß, ob ich mit meiner Schwester schlafen wollte«, gab Nishino ernst zur Antwort.

Ich wollte sagen, ich sei ja nicht seine Schwester, aber ich ließ es.

Nishino nahm einen Apfel aus dem Korb auf dem Tisch und drehte ihn.

»Soll ich dir einen schälen?«, fragte ich. Nishino nickte.

»Und es wäre schön, wenn du einen Hasen daraus machen könntest«, fügte er hinzu. »So schälen, dass die Schale wie Hasenohren absteht.«

»Ich versuch's. Aber vielleicht kriege ich es nicht hin.« Ich fing an zu schälen, und Nishino sah beglückt zu, wie ich mit dem Messer hantierte.

»Meine Schwester hat mir früher immer solche Hasen gemacht.« Nishino lachte.

»Ach?« Ich musste schlucken, weil er wieder diese runden Augen bekam.

»Keine Sorge. Ich bin mir der Sache ja bewusst. Es steckt nichts Verdächtiges dahinter.«

»Allein, dass du das sagst, ist doch schon verdächtig«, erwiderte ich sofort in scherzhaftem Ton.

Meine Anspannung ließ nach, weshalb mir beinahe das Messer heruntergefallen wäre. Damit Nishino nichts merkte, griff ich es fester, schnitzte zwei Hasen und stellte sie vor ihn hin. Die nächsten beiden Äpfel schälte ich normal und aß sie selbst.

Eine Zeitlang erfüllten unsere Kaugeräusche den Raum.

»Aber warum eigentlich?«, fragte Nishino.

Er machte keine Anstalten zu gehen, und nachdem alle Versuche, ihn loszuwerden, gescheitert waren, ließ ich ihn übernachten. Obwohl ich beschlossen hatte, außer Munakata, der Frau und Kind hatte, niemanden bei mir übernachten zu lassen, weil ich darauf vertraute, dass das bei einem verheirateten Mann nicht zur Gewohnheit werden würde.

Am nächsten Tag schlief Nishino dann doch mit mir. Entgegen seiner Aussage, momentan könne er das nicht.

Auch sein sexueller Appetit war außergewöhnlich groß.

Munakata beispielsweise behauptete, dass alle Männer um die zwanzig ständig erregt wären, es aber große individuelle Unterschiede gäbe. Anscheinend gab es solche, die ebenso großen sexuellen Appetit an den Tag legten wie Nishino, aber auch welche, die keinen Sex wollten. Nishinos sexuelles Verlangen war authentischer als das der meisten. Es hatte, wie soll ich sagen, eine Art von »Beständigkeit«, die ich von anderen Jungen nicht kannte.

Beständiges Verlangen ist nicht unbedingt mit gutem Sex gleichzusetzen, aber es war schön, mit Nishino zu schlafen. Nebenbei fragte ich mich, ob er vielleicht eine große Zukunft vor sich hatte. Eine große Zukunft – auf welchem Gebiet? Ich musste lachen.

»Warum lachst du?«, fragte Nishino. Ach, nichts, antwortete ich, aber er wirkte unzufrieden. In dieser Hinsicht unterschied er sich überhaupt nicht von anderen Jungen.

»Warum schläfst du eigentlich mit so vielen Jungs, Nozomi?«, fragte er plötzlich, nachdem er sich schließlich ausgezogen und den Futon bis zum Kinn hochgezogen hatte, als wolle er gleich einschlafen.

»Und du, Nishino? Was ist mir dir und deiner kleinen Kanoko?«, fragte ich zurück.

»Ach, daran habe ich gar nicht mehr gedacht«, sagte er verdutzt. »Das heißt ja, ich fahre jetzt zweigleisig?«

»Bilde dir nur nichts ein«, antwortete ich erbost. Eigentlich war es ja zum Lachen, aber irgendwie auch wieder nicht, denn Nishino war wirklich verblüfft – nämlich, weil er Kanoko im Moment völlig vergessen hatte.

»Zweigleisig! So eng sind wir ja nicht«, sagte ich abweisend. Ich war besorgt wegen Kanoko. Ich hatte nicht das Geringste gegen sie. Eher war ich sauer auf Nishino.

»Aber ich will nicht, dass es zwischen uns so bleibt, Nozomi«, sagte er.

»Du meinst, es gibt da etwas zwischen uns?«, sagte ich gleichgültig.

Mir fiel ein, dass Nishino sich gefragt hatte, ob er überhaupt jemanden lieben könnte. Obwohl ihm das doch gar nicht schwerfiel.

Dabei kann er das doch nur zu gut, dachte ich erbittert. In diesem Moment war der schmucke Nishino mir richtig unangenehm. Total unangenehm, mitsamt seinem »guten« Sex. Am liebsten hätte ich ihm gesagt, er solle abhauen, aber ich tat es nicht. Denn mir war klar, dass ich ihn nur so abscheulich fand, weil ich mich selbst verabscheute.

Nishino war kalt. Aber seine Kälte hatte eine warme Kehrseite. Damit umzugehen war schwieriger, als wenn er nur kalt gewesen wäre. Es war in etwa das Gleiche, als würde ich mir vornehmen, alle Jungen zu lieben, mit denen ich Sex haben wollte, in Wirklichkeit aber keinen lieben würde.

»Das würde deiner Schwester bestimmt weh tun«, sagte ich, worauf Nishino erbleichte.

»Du bist gemein, Nozomi«, murmelte er.

»Genau«, antwortete ich grinsend.

Nishino zog sich an und ging. Lange hörte ich nichts von ihm.

Nach und nach wechselten meine Bettgefährten.

Minakawa schied aus. Ich entfernte mich von ihm, weil ich gemerkt hatte, wie gedankenlos er war. Kaneko machte Examen und zog weg, während Munakata beruflich zu sehr in Anspruch genommen war. An ihre Stelle traten Hakozaki, Taishō und Nozue. Als noch Nekoda und Minakata hinzukamen, hatte ich die höchste Zahl von Jungen, »die ich liebte«, erreicht, und im vierten Jahr meines Studiums teilte ich sie in zwei Gruppen ein.

Einigen verkündete ich ganz offiziell, dass ich mehrere Jungen »liebte«, und anderen sagte ich nichts davon – auch wenn sie es vielleicht ahnten. Ich entschied nach ihrer jeweiligen Eigenart, wem ich etwas sagte und wem nicht.

Von den Eingeweihten hatte kein Einziger besondere Einwände dagegen, dass ich außer ihm noch mit anderen Jungen zusammen war. Ob dies ein Beleg für ihre Großmut war oder zeigte, dass sie sich nicht viel aus mir machten, wusste ich nicht. Zumindest bewies ich in fast allen Fällen eine beträchtliche Menschenkenntnis. Nur bei dem »leichtfertigen« Minakawa hatte ich mich wohl ein wenig geirrt.

Nishino hatte ich so gut wie vergessen und lebte unbekümmert in den Tag hinein. Dementsprechend überrascht war ich, als ich ihm, ungefähr ein Jahr nachdem wir uns in dem Keramikrohr getroffen und miteinander geschlafen hatten, wieder begegnete.

Und das in der Unisex-Toilette einer Kneipe in der Nähe der Universität.

»Ach, Nozomi, ich fühle mich wie ausgehöhlt«, sagte Nishino bei meinem Anblick, als hätten wir uns erst gestern zuletzt gesehen.

Er lebte offenbar noch immer ganz in seiner eigenen Welt.

»Ach wirklich?«, entgegnete ich kühl.

Nishino hatte eine ordentliche Fahne und schien ziemlich betrunken. »Ich vertrage einfach keinen Alkohol«, murmelte er und küsste mich prompt vor dem Waschbecken, ebenfalls als hätten wir uns gestern erst gesehen.

»Lass uns abhauen, ja?«, lallte er. Ein Speichelfaden hing aus seinem Mundwinkel, transparent und seidig.

»Kommt nicht infrage«, antwortete ich.

»Dann werde stattdessen meine Freundin.«

»Wie stattdessen? Wo soll da der Gegensatz sein?«

Nishino riss die Augen auf und überlegte.

Ich machte kehrt, um ihn, besoffen wie er war, stehen zu lassen und auf meinen Platz zurückzugehen. In dem Moment fing Nishino zu meiner immensen Überraschung laut zu weinen an.

Er plärrte regelrecht. Weinte bitterlich. Nicht wie ein Student, sondern wie ein fünfjähriger Junge.

»Nozomi, ich bin so unglücklich«, stieß er unter Tränen hervor.

»Ist ja gut, na, na, jetzt hör doch auf«, murmelte ich, was natürlich nicht bei ihm ankam. Er schluchzte immer weiter.

»Warum ist die Welt so unendlich?«, heulte er.

»Weiß ich nicht«, erwiderte ich. Aber auch das drang nicht zu ihm durch.

»Das muss aufhören. Ich ertrage es nicht, wenn das nicht aufhört.«

»Du hast ja recht«, stimmte ich brav zu. Was sollte ich auch anderes machen?

»Du bist doch Wissenschaftlerin, Nozomi. Kannst du mir nicht sagen, warum die Welt so ist, wie sie ist?«

»Wissenschaftlerin? Daraus wird wohl nichts.«

»Egal, das Universum ist so unendlich.«

»Stimmt«, sagte ich. »Aber da es sich seit dem Urknall nur immer weiter ausdehnt, kann man nichts dagegen tun«, antwortete ich mit großem Ernst, um Nishino irgendwie zu beruhigen.

»Das Universum dehnt sich immer weiter aus?«, fragte Nishino mit runden Augen.

»So habe ich es gelernt.«

»Aber was ist denn außerhalb des Universums, wenn es nicht aufhört, sich auszudehnen?«

»Außerhalb?«

»Ja, in dem Bereich, wohin es sich immer weiter ausdehnt. Der gehört doch noch nicht zum Universum.«

Ich war sprachlos. Darüber hatte ich noch nie nachgedacht. Was war außerhalb des Universums? Leere? Oder gab es einen Hohlraum? Aber konnte dort wirklich Leere herrschen? Und wie sah die konkret aus?

»Außerhalb davon ist bestimmt überhaupt nichts«, brachte ich endlich hervor.

Rein gar nichts. Absolut nichts, erklärte ich Nishino voll Überzeugung. Ich musste mich in die Verzweiflung dieses Fünfjährigen hineinversetzen, sonst würde das nie was.

»Die Welt dehnt sich also immer weiter aus, weil außerhalb von ihr nichts ist?«, fragte Nishino jetzt ruhiger und wieder in normalem Ton. Er weinte nicht mehr.

»Tut mir leid, Nozomi«, sagte er nach kurzem Schweigen. »Ich habe ewig nicht mehr geweint. Vielleicht seit dem Tod meiner Schwester nicht mehr.«

Bei seinen Worten kamen mir selbst die Tränen. Bestimmt hatte er mich mit seiner Heulerei angesteckt.

»Du bist unmöglich«, sagte ich und drehte ihm den Rücken zu. Ohne mich noch einmal umzuwenden, verließ ich die Toilette.

Als ich an meinen Tisch zurückkam, sangen die Jungen aus meinem Kurs gerade grölend ein Lied. Seufzend schenkte ich mir eine Schale aus dem Sake-Krug ein. Zwischen weiteren Seufzern trank ich den abgekühlten Sake in kleinen Schlucken.

Danach begegnete ich Nishino noch einmal. Es war einen Tag vor meinem Examen.

Ich hatte schon eine Stelle gefunden, die in der Nähe meiner Wohnung lag. Das war praktisch, so musste ich mir keine neue suchen und konnte mich im Gegensatz zu meinen Kommilitonen, die jetzt eine Menge zu erledigen hatten, zurücklehnen.

Es klopfte. Verwundert, dass es nicht geklingelt hatte, öffnete ich die Tür mit vorgelegter Kette.

»Hallo«, sagte Nishino durch den Spalt.

»Oh, hallo.« Ich löste die Kette.

Jungen benehmen sich auf tausend verschiedene Weisen, wenn sie ein Mädchen zum ersten Mal in seiner Wohnung besuchen. Haben sie jedoch einmal mit ihr geschlafen, ist ihr Verhalten umso vielfältiger.

Nishino verhielt sich weder zu vertraulich noch zu schüchtern, sondern trat umstandslos auf genau die richtige Weise ein. Ganz sicher war ihm eine große Zukunft beschieden.

»Ich habe dir etwas mitgebracht«, sagte er und zog einen kleinen, silbrig glänzenden Gegenstand aus der Tasche. Es war ein altmodisches Quecksilberthermometer in einem hellblauen Plastikröhrchen.

»Ein Fieberthermometer?«

»Ja, es hat meiner Schwester gehört.«

Ich schluckte. »Das kann ich nicht annehmen«, erwiderte ich sofort.

»Du findest es sicher gruslig«, sagte Nishino und lachte.

»Ja, genau, gruslig«, stimmte ich ihm eilig zu.

»Aber seit meine Schwester tot ist, habe ich es immer benutzt.« Eine seltsame Begründung.

»Das macht es ja noch ekliger«, sagte ich.

Nishino kratzte sich am Kopf. »Willst du es nicht? Auch wenn noch etwas von meiner Wärme drin ist?«

»Jetzt lebt er wieder ganz in seiner eigenen Welt«, sagte ich, worauf Nishino laut lachte.

Ich geriet ins Wanken. Das Ganze sah ihm ähnlich – merkwürdiger Zeitpunkt, merkwürdiger Gegenstand.

Wir aßen gemeinsam die Reste meines mittäglichen Currys zu Abend und trennten uns, ohne miteinander geschlafen zu haben.

Das waren alle Einzelheiten meiner Geschichte mit Nishino.

Noch heute denke ich mit Kopfschütteln an ihn zurück. Was für ein seltsamer Knabe. Obwohl wir nie besonders eng gewesen waren, hatte er in mir ein Gefühl starker Nähe hinterlassen. Als wäre er sehr feinfühlig gewesen. Trotz seiner Dickfelligkeit in manchen Dingen.

Ich glaube, Kinder sind so. »Wäre das Kind von meiner Schwester doch nur ein Junge gewesen«, hatte Nishino an dem Tag gesagt, als er mich schlafend in dem Rohr angetroffen hatte. Das fiel mir jetzt wieder ein. Auf meine Frage, warum, schwieg er einen Augenblick. »Dann hätte ich seine Rolle übernehmen können«, antwortete er.

»Aber wie hätte das gehen sollen? Du warst doch schon groß«, sagte ich.

Nishino schürzte unwillig die Lippen. »Ich glaube, ich hätte es trotzdem gekonnt«, entgegnete er.

Als ich mir am nächsten Morgen die Zähne putzte, trat er hinter mich. »Ich habe meine Meinung geändert«, sagte er.

»Worüber?«, fragte ich, den Mund voller Zahnpasta.

»Wenn jemand gestorben ist, kann man nichts machen. Es hat keinen Zweck, über die Vergangenheit nachzugrübeln. Stattdessen werde ich mich jetzt in meine Schwester verwandeln und ein Mädchen zur Welt bringen«, erklärte er.

»Aber das geht ja noch viel weniger«, versetzte ich.

Nishino ließ den Kopf hängen. »Damit kann ich mich auf keinen Fall abfinden«, sagte er niedergeschlagen. Diese Niedergeschlagenheit war wohl letztendlich der Grund, dass ich mit ihm schlief.

Ich habe nie wieder etwas von ihm gehört. Das Fieberthermometer hatte er mir schließlich in die Hand gedrückt, und manchmal messe ich mir damit die Temperatur. Einfach nur so. Sie ist meistens normal.

Anschließend schlage ich das Quecksilber aus dem Handgelenk herunter. Dabei durchschneidet das Thermometer die Luft mit einem leisen Ton, der mich immer an Nishino erinnert.

Ob er eines Tages seiner Schwester und ihrem Baby begegnet ist?

Hat er erfahren, was sich außerhalb des Universums befindet?

Konnte er jemanden lieben?

Hat er auf dieser sich ins Unendliche ausdehnenden Welt seinen Platz gefunden?

INHALT

Parfait	7
Im Gras	23
Gute Nacht	47
Herzklopfen	69
Im Königreich des Spätsommers	85
Der Turm, der in den Himmel wächst	105
Stille	123
Marimo	135
Weintrauben	147
Das Fieberthermometer	169